Dominik Ehrst

OLE SVENSSON UND DIE KLASSE 1C

oder
Liebesgrüße
aus
Lilleholm!

LAPPAN

AM ANFANG WAR DAS WORD

Test. Test. Test.

Schriftgröße passt. Absatz auch. Fußnoten? Brauche ich nicht.

Super. Dies ist nun also der zweite Versuch, mein mit hoher Wahrscheinlichkeit nie zu Ende geschriebenes Buch zu beginnen.

Mein erster Versuch fand bereits gestern zu später Abendstunde statt.

Um das mit dem blöden Absatz hinzubekommen, klickte ich mich durch die einzelnen Symbole der Toolliste von Microsoft Word. Ohne Erfolg. Wie bekloppt schlug ich auf meinen leistungsresistenten Laptop ein, woraufhin dieser sich mit einem eingeschnappten Fiepton verabschiedete.

Es war eine einvernehmliche Trennung.

Mein Name ist übrigens Ole. Ole Svensson.

Eigentlich heiße ich gar nicht wirklich so, aber skandinavische Elemente werten Bücher und Filme meiner Meinung nach erheblich auf.

Ich wohne in einer pompösen Siebenzimmerwohnung in Lilleholm. Die sieben Zimmer sind Flur, Küche, Bad, Wohnzimmer, Balkon und zwei Schlafräume, wobei die Schlafräume streng genommen zu klein sind, um sie als Zimmer gelten zu lassen. Im Sommer kommt dafür inoffiziell immer noch ein kleines Zimmer dazu, wenn ich auf dem Balkon zelte.

Fairerweise muss man dazu sagen, dass ich nicht allein wohne. Mein Mitbewohner, ein Berufsphlegmatiker, bereichert mein Leben jeden Tag aufs Neue mit seinen sehr kritischen und philosophischen Fragen.

„Machst'n du?“, fragt er, während er gelangweilt Krümel aus der Sofaritze popelt.

„Ich schreibe ein Buch“, sage ich, nicht wenig stolz.

Er schaut auf.

„Ist nicht wahr? Find ich cool, wollte ja auch mal ein Buch schreiben, aber ich hab das mit dem Absatz nicht so ganz hinbekommen.“

Ich nicke verständnisvoll.

Neugierig lehnt er sich über die ... ähm ... Lehne.

„Dann sag doch mal, komme ich auch drin vor?“, fragt er.

„Jaaahaaa“, sage ich ein wenig genervt. „Aber ich werde alle Namen ersetzen und so.“

„Jo, klar“, meint er. „Wusstest du eigentlich, dass ich mit zweitem Namen Detmold heiße? Wäre echt peinlich, wenn das veröffentlicht werden würde.“

Ich nicke mitfühlend.

„Kann ich Ole heißen?“, fragt mein Mitbewohner. „Skandinavische Elemente werten Filme und Bücher meiner Meinung nach immer auf.“

„Nein, tut mir leid. So heiße ich schon. Ich hätte für dich noch Björn. Oder Thorben.“

„Dann lieber Thorben“, sagt mein Mitbewohner Björn nach kurzer Überlegung.

Es kommt nun vielleicht der Eindruck auf, ich würde mich mit Björn nicht gut verstehen. Doch so ist es nicht. Ich finde nur, wer sich einen ordentlichen Namen in einem nie veröffentlichten Buch verdienen will, könnte wenigstens einmal die Woche den Müll rausbringen.

Ich komme immer erst spät von der Arbeit nach Hause, muss dann noch putzen, kochen, bügeln, das Besteck wienern und die Kinder ins Bett bringen oder wie?

Okay, das mit den Kindern ist natürlich Quatsch gewesen.

Gut, das mit dem Besteck auch.

Schön. Gebügelt habe ich auch noch nie. Obwohl man sagen muss, zu Hause bei Mama bin immer ich derjenige, der das Bügelbrett ins Wohnzimmer trägt.

Aber das soll ja jetzt nicht das Thema sein.

„Übrigens“, ruft Björn.

Ich warte auf Weiteres, doch Björn schaufelt sich noch eine Hand voll Erdnussflips in den Mund. Da er mich gerade aus dem Konzept gerissen hat, bleibt mir nichts anderes übrig als abzuwarten, bis er wieder sprechen kann.

So. Vierzig Minuten später ist die Tüte dann auch alle.

Ich hasse diesen 150g-Extramüll.

„Übrigens", ruft Björn.

Es scheint, als habe auch er in der ganzen Zeit geistig bei seinem eigenen Cliffhanger verweilt.

„Übrigens ist nebenan jetzt die neue Mieterin eingezogen."

Das sind durchaus Nachrichten, die der Wartezeit gerecht gewesen wären, hätte Björn diese Neuigkeit nicht erst am Morgen durch mich erfahren.

„Ist nicht wahr", sage ich mit gespielter Überraschung.

Björn zieht die Augenbrauen zusammen.

„Willst du mich verarschen? Ich weiß das doch überhaupt erst durch dich!"

SCHLAFLOS IN LILLEHOLM

Ich hasse es, wenn ich nicht schlafen kann.

Je mehr man sich der Tatsache bewusst wird, dass es nicht klappt, desto schlimmer wird es. Diesen Gedanken bläue ich mir ein und tue so, als sei ich gerade erst ins Bett gegangen und sei überhaupt schon immer der Beste im Einschlafen gewesen. Doch schnell merke ich, dass ich mich nicht selbst betrügen kann und dieser innere Konflikt auch nicht gerade zur Entspannung beiträgt. Ich drehe das gefühlt 40°C heiße Kopfkissen um und entferne die zwei Taschentücher, die an der Unterseite wohl schon seit Monaten oder gar Jahren hafteten. Ich gucke auf mein Handy.

Juhu, denke ich. Es ist erst halb eins. Noch sechs Stunden, die du schlafen kannst. Von drüben höre ich Björn schnarchen. Mit Björn ist dieser Detmold noch ganz gut weggekommen, finde ich.

Ich lege mich wieder hin, den Arm über der Decke.

Mit dem Arm über der Decke ist es plötzlich so kalt! Als würde man nackt in einem undichten Iglu am Nordpolarkreis den Film ‚Ice Age' gucken, während man sich als kleinen Snack ein Selbstmach-Eis von ‚FruchtZwerge' gönnt.

Schnell ziehe ich meinen halb toten Arm zurück unter die Decke. Aber hier stört er irgendwie. Wo hab ich den blöden Arm denn sonst immer?

Ich gucke auf mein Handy. Zwei Minuten nach halb eins. Okay, das war jetzt echt eine sinnlose Aktion.

Ich spüre, dass die Decke an meinen Füßen nur noch aus Laken besteht. Ein grässliches Gefühl. Nachdem ich diesen Umstand auch mit hektischen Fußtritten nicht ändern konnte, wird mir bewusst, dass ich um das Bettschütteln nicht herumkommen werde. Ich drehe und wende mich, klopfe unruhig auf die Bettdecke. Doch auch das hilft nicht wirklich. Ich versuche dem Druck zu widerstehen, erneut auf das Handy zu schauen. Dann halte ich es nicht mehr aus. 2:47 Uhr. Was für eine blöde Zeit.

Kurze Zeit später hängt der Sandmann sich dann doch so schwer an meine Augenlider, dass mein Körper endlich nachgibt und ich in einen tiefen Schlaf falle.

„F L I E H T, I H R N A R R E N !", reißt es mich dann plötzlich aus dem Traumland. Ich bin hellwach! Meine Schockstarre löst sich erst, als ich erkenne, dass Björn im Schlaf mit sich selbst spricht. Er scheint mal wieder davon zu träumen, wie er als großer Zauberer Gandalf das Auenland beschützt, Orks schnätzelt und einen auf gut Kumpel mit den Hobbits macht. Mein Kopf ist jedenfalls wieder putzmunter und denkt über weitere völlig irrelevante Dinge nach. Wann ist Gandalf der Graue eigentlich zu Gandalf dem Weißen befördert worden? Und in welcher Gandalf-Phase hat sich Björn befunden?

Ich versuche es zunächst noch mit dem Klassiker „Schäfchenzählen". Es klappt zunächst ganz gut, ich werde wieder müde, doch nach dem siebten Schaf komme ich ins Stutzen. Hüpft da doch ein weißer Pudel völlig unbekümmert über den Zaun.

Ähm und jetzt? Zähle ich den nun einfach mit?

Nachdem ich mich an die Pudel beim Schäfchenzählen gewöhnt hatte, tauchten sie plötzlich auf, die Fragen, die dir wirklich keine Ruhe lassen, die selbst dem müdesten Gesellen keine Ruhe gönnen. Zum Beispiel:

Wurde eigentlich jemals aufgelöst, wer die Kokosnuss geklaut hat? Und warum hat das keiner bemerkt? So ein Ding ist doch groß. Und ist der Begriff „Stehlen" überhaupt angebracht, wenn die Kokosnuss von einer in der Öffentlichkeit stehenden Palme heruntergefallen ist?

Oder: Wieso darf jeder hinein, solange es kein Schneider ist? Der arme Kerl! Das macht keinen Sinn. Ich meine, stellt euch das mal vor:

„Hallo, wer ist da?"

„Ich bin 's, ein Mörder."

„Ach, Gott sei Dank, ich dachte schon, es wäre ein Schneider."

Und warum konnten Urzeitkrebse Millionen Jahre überleben und die aus dem Mickey-Mouse-Heft sterben nach zwei Tagen?

Viele Fragen und einige Kämpfe mit der Decke später steht endlich die Sechs vor dem Doppelpunkt.

Juhu, denke ich. Jetzt darf ich gleich aufstehen.

DER RÄCHER DER UNTERDRÜCKTEN

Björn hat mein Auto kaputt gefahren. Darum muss ich heute die S-Bahn zur Schule nehmen. Wie sich herausstellte, hat Björn nicht einmal einen Führerschein, weshalb ich so tun musste, als hätte ich am Steuer gesessen, während der Wagen gegen den einzigen Baum im Umkreis von 200 Metern gedonnert war. Da Björn sich bei dem Unfall einige Prellungen zugezogen hatte, fragte er mich, ob ich der

Polizei nicht sagen könne, dass ich ihn vorher angefahren habe. Nur der Glaubhaftigkeit wegen natürlich. Daraufhin fügte ich ihm noch überall da Prellungen zu, wo ihn Wagen und Baum verfehlt hatten.

Nun stehe ich also vor dem Fahrscheinautomaten, überfordert mit der unendlichen Anzahl an Tarifen. Einzelfahrkarte, Tageskarte, Vier-Fahrten-Karte, Premiumkarte, Premiumkarte-Gold, Premium-Vier-Fahrten-Karte. Ich entscheide, wie ich bei solch lebenswichtigen Dingen immer entscheide. Ich zeige mit dem Finger auf den Schalter und rufe dabei laut: „Eine kleine Mickey-Mouse zog sich mal die Hosen aus, zog sie wieder an und du bist dran."

Ich erwische die Premiumkarte, die ich aber nicht kaufen kann, da ich leider kein Premiummitglied bin. Ich kaufe also eine Einzelfahrkarte. Verdammte Maus ohne Hose!

Dann setze ich mich auf einen freien Platz ganz hinten am Ende des Waggons. Dass der Platz frei war, auf den ich mich gesetzt habe, erklärt sich dabei jedoch von selbst.

Ich träume vor mich hin, als mich plötzlich eine Stimme aus den Gedanken reißt.

„Guten Tag. Ihre Fahrscheine bitte."

Ein rundlicher Mann mit Schnauzbart und Cappy war vorne eingestiegen und hält nun seinen Ausweis empor. Auf einmal bricht ein großer Tumult aus. Die Kinder zeigen angsterfüllt auf den Mann, Mütter halten ihren Babys die Augen zu, beten leise. Männer, die ihrem Alter nach zu urteilen beide Weltkriege erlebt haben, flitzen in ungeahnter Schnelligkeit zu den Türen und drücken sich an den Halteknöpfen die Daumen wund. Mir bricht der Schweiß aus, fieberhaft durchsuche ich meine Taschen nach meiner Fahrkarte. Musste die Karte vorher entwertet werden? Verlor sie durch das Eselsohr ihre Gültigkeit? Darf ich hier überhaupt ein öffentliches Verkehrsmittel nutzen als Besitzer eines Führerscheins? Nehme ich dadurch nicht gesellschaftlich gebeutelten Menschen wie etwa Björn einen Platz weg? Dürfen Nicht-Premium-Mitglieder überhaupt in dieser Bahn atmen?! Meine Müdigkeit ist wie weggeblasen. Angsterfüllt muss ich mit ansehen, wie sich der Kontrolleur Stück für Stück zu mir durchkämpft, die anderen Fahrgäste mit einem abschätzigen Nicken bescheidet, ganz sicher schon längst auf mich fixiert.

Nur noch eine Haltestelle. Wieso fährt die Bahn plötzlich so langsam?

„Guten Tag. Ihre Fahrscheine bitte“, wiederholt der Kontrolleur, nur noch wenige Schritte von mir entfernt. Wieso sagt er das schon wieder? Muss er uns einfache Menschen so fertig machen mit diesen Psychospielchen? Der ist doch krank! Ich bin entsetzt über so viel Hass, den man seinen Mitmenschen gegenüber aufbringen kann.

Vor mir sitzt ein zitternder Junge, in der Hand sein klitschnasses Ticket. Als der Kontrolleur vor ihm steht, fällt ihm die Karte aus der Hand. Die Türen gehen auf. Ich weiß, was zu tun ist.

„Lauf!“, rufe ich ihm zu und schmeiße mich zwischen den Kontrolleur und den Jungen. Ich hebe seine Karte auf, gebe dem verdutzten Kontrolleur meine noch dazu und verlasse unter großem Applaus die Bahn.

Da sieht man einmal wieder, dass wir stark sein können, wenn wir zusammenhalten – die Starken, die Schwachen, die Jungen und Alten.

DIE KINDER DER KLASSE 1C

Ich betrete die Astrid-Lindgren-Grundschule.

Auf dem Weg zu meinem Klassenzimmer treffe ich den Hausmeister, der gerade die funktionierenden Glühbirnen mit den Energiesparlampen austauschen möchte, die er von zu Hause mitgebracht hat.

„Guten Morgen. Wie geht es Ihnen?“, frage ich höflich.

„Wie es einem nach so einer originellen Frage halt geht“, raunt er genervt.

Ich nicke mit einem charmanten Lächeln.

Unser Hausmeister ist wie die meisten Hausmeister ein wenig speziell. Jeder soll tun und lassen, was er will, wir sind jedoch alle froh, dass er nach einem Gespräch mit der Direktorin eingesehen hat, dass die Bilder seiner Mutter an den Wänden der Schulflure nichts zu suchen haben, mögen sie noch so barbusig sein.

Mein Praktikum während meiner Studienzeit hatte ich ebenfalls an dieser Schule absolviert. Da meine Arbeit zu allgemeiner Zufriedenheit führte oder weil ich einer von nur zwei Männern an dieser Schule bin, habe ich bereits jetzt meine eigene Klasse bekommen, die ich nun schon seit drei Tagen unterrichte.

Die Klasse 1c wartet bereits voller Vorfreude auf mich.

Voller Vorfreude und mit einem Haufen voller Schwämme.

Ich halte meine Schultasche schützend vor mein Gesicht und kämpfe mich zum Lehrerpult durch. Solche Situationen muss man aussitzen. Ich weiß nicht, wie viele Räume diese Knirpse durchklappert haben, aber ich schätze, dass es im gesamten Schulgebäude maximal dreißig Schwämme gibt und der Beschuss noch ein Weilchen dauern dürfte.

Der letzte Schwamm fliegt, ich fange ihn noch in der Luft und schleudere ihn dem Angreifer ins Gesicht. Der kleine Jonas fällt rückwärts vom Stuhl und schlägt mit dem Kopf auf den Parkettboden.

„Ha!“, rufe ich triumphierend.

In der Klasse ist es plötzlich totenstill.

Lisa meldet sich.

„Ja, Lisa?“, frage ich.

„Herr Svensson, ist der Jonas jetzt tot?“

Ich schüttele heftig den Kopf.

„Nein, Lisa, du hörst ihn doch wimmern. Leute, die tot sind, können nicht mehr wimmern. Nein, Ida, das brauchst du nicht mitschreiben. Außerdem hältst du deinen Bleistift noch immer falsch herum.“

Lisa meldet sich erneut.

„Ja, Lisa?“, frage ich.

„Herr Svensson, hat der Jonas eine Gehirnerschütterung?“

„Wow, so ein schwieriges Wort kannst du schon sagen“, lobe ich Lisa.

Ich gucke kurz zu Jonas, der wie in Trance hin und her wankt.

„Und ja, ich denke, der Jonas hat wirklich eine Gehirnerschütterung.“

Lisa strahlt selbstzufrieden.

Die Schulklingel läutet.

„So, dann wollen wir mal mit dem Unterricht beginnen. Guten Morgen, Kinder!“

„Guten Morgen, Herr Svensson“, antwortet die Klasse.

Die „Gute Nacht, Herr Dumpfbacke“-Sprüche der ersten Tage sind nur noch vereinzelt zu hören. Irgendwann wird jeder Witz unlustig.

Ein Mädchen meldet sich. Ich weiß leider ihren Namen nicht.

„Ähmmmmmm“, versuche ich die Zeit zu überbrücken und suche den Sitzplan.

„Was ist denn, Moritz?“, frage ich, ohne den geringsten Zweifel an meiner Aufzeichnung zu hegen.

„Ich bin nicht Moritz“, sagt das Mädchen.

„Das kann ja jeder sagen“, behaupte ich trotzig.

„Ich bin Moritz“, sagt Jenni.

„Du bist Jenni“, kontere ich.

„Nein, ich bin Jenni“, sagt – okay, hier scheint wirklich etwas mit der Liste nicht zu stimmen.

„Wer bist du dann?“, frage ich das Mädchen, das wohl doch nicht Moritz ist.

„Kathi, Herr Svensson.“

„Und warum sitzt du da, wo sonst Moritz sitzt?“, frage ich Kathi.

„Weil Paul auf meinem Platz sitzt.“

Ich verfolge meinen Sitzplan, der immerhin noch gewisse Rückschlüsse zulässt.

„Und warum sitzt du nicht hier vorne, Paul?“

„Weil Sarah stinkt.“

Die Klasse lacht. Auch ich kann mir ein Schmunzeln kaum verkneifen, erkenne aber den Ernst der Lage und bleibe professionell.

„Soooo schlimm ist es ja auch wieder nicht“, entgegne ich und kann glaubhaft auch nicht mehr zur Verteidigung von Sarah beitragen.

Unser Minigrufti entschied sich schließlich aus freien Stücken zum Einsatz von Knoblauch und Ammoniak und, was-weiß-ich, für Teufelszeug, um Vampire (aber im Endeffekt auch uns Sterbliche) auf Abstand zu halten. Ich selbst glaube ja nicht an so einen Hokuspokus, frage mich aber schon, ob es Teil von Murphys Gesetz ist, dass ausgerechnet solche Kinder immer in der ersten Reihe sitzen wollen.

„Herr Svensson?“, ruft Kathi dazwischen. „Ich muss jetzt aber wirklich mal aufs Klo.“

„Jetzt schon?“, frage ich ungläubig. „Warum bist du denn nicht vor dem Unterricht gegangen?“

Kathi zuckt mit den Schultern.

„Da musste ich noch nicht.“

Ein schlagfertiges Argument, wie ich finde.

„Na gut, dieses E I N E Mal noch“, sage ich so, als ob ich bei den nächsten Malen standfester wäre.

„Hmplf?“, stammelt Jonas, noch immer benommen.

„Nein, du wartest, bis Kathi wieder da ist“, sage ich entschieden.

Alle anderen Kinder heben nun die Hände.

„So, aber nur wenn es nicht um den Toilettenbesuch geht“, warne ich vor.

Alle Hände gehen nach unten. Nur Malte hält die Hand weiter empor.

„Ja, Malte?“, frage ich.

„Herr Svensson, ich muss auch mal aufs Klo.“

Ich seufze.

„Na schön, aber erst nach Jonas.“

Malte verzieht das Gesicht.

„Aber ich muss ganz dolle. Ich kacker mir gleich in die Hose.“

Seine Stimme wird brüchig. Vollkommen entnervt nicke ich.

Breitbeinig versucht sich Malte nun Schritt für Schritt durch die Stuhlreihen zu kämpfen und als er an mir vorbeiläuft, finde ich, dass ich Sarah Unrecht getan habe.

„So, jetzt mal wieder zurück zum Unterricht“, sage ich. „Wer hat Lust auf ein Spiel?“

Allgemeines Jubeln erfüllt den Raum.

Auch Malte kämpft sich nun in das Klassenzimmer zurück, doch ich schicke ihn wieder in Richtung Toilette.

Bevor ich nun endlich mit dem einleitenden Reimspiel beginnen kann, werde ich durch einen Schrei vom Klo aufgehalten.

„Ich bin feeeeeeeeeeeertig“, brüllt die kleine Kathi.

Das kann doch nicht wahr sein, denke ich. Doch da Kathi die Tochter der schönsten Frau der Welt ist, mache ich eine Ausnahme.

„So, ihr überlegt euch einmal, was sich alles auf das Wort ‚Maus‘ reimt. Ich komme gleich wieder.“

Auf dem Weg zur Toilette begegne ich Malte, dessen Schritte immer bedächtiger werden. Dann stehe ich vor der Mädchentoilette. Mist.

„Ähm, Kathi, wie sieht’s aus?“, frage ich unbeholfen.

„Hmm. Ganz groß, Herr Svensson. Und braun. Aber an der einen Stelle auch ...“

„Nein, nein. Kathi, das meine ich nicht. Ähm, soll ich mal reinkommen?“

„Ja, dann können sie ja mal nachschauen, wie es aussieht.“

Ich schüttele missmutig den Kopf. Zum Glück kommt Frau Jansen den Flur entlang.

Sie hebt die Augenbraue, als sie mich an der Mädchentoilette sieht.

„Kathi ist fertig“, sage ich nur.

Ich übrigens auch.

Ein dickes Grinsen huscht über ihr Gesicht.

„Verstehe, mein Guter. Ich kümmere mich mal um die kleine Prinzessin.“

„Hallo, Frau Jansen“, ächzt Malte schwer atmend und läuft in Cowboyhaltung ins Bad.

Frau Jansen schaut mich fragend an, ich zucke ratlos mit den Schultern und gehe zurück ins Klassenzimmer. Dort steht der Hausmeister und balanciert einen Besenstiel auf seiner Nase. Als er mich sieht, fällt ihm vor Schreck der Besen herunter, direkt auf den Kopf von Jonas. Zumindest habe ich das Jonas Mutter erzählt, als sie ihren Sprössling in der Frühstückspause abholen kommt.

AUF DEN SPUREN VON BJÖRNS TRÄUMEN

Nach diesem anstrengenden Tag komme ich endlich nach Hause, völlig durchnässt und übermüdet.

„Oh, guck mal“, ruft Björn. „Du bist ja völlig durchnässt.“

Er selbst steht in Boxershorts und mit Spielzeuggitarre im Wohnzimmer vor dem Fernseher.

„Oh nein!“, rufe ich mit übertriebenem Entsetzen und untermale dieses, indem ich mir in hektischer Hysterie die Tropfen vom Körper puste. Björn legt den Kopf schief.

„Hat wohl geregnet draußen“, meint er nachdenklich.

„Ein bisschen“, entgegne ich knapp und schaue durch das Fenster auf das Weltuntergangsszenario. Hoffentlich steht das Zelt nicht mehr auf dem Balkon.

„Warum bist du denn so spät wiedergekommen? Es ist ja bereits vier Uhr!“

„Ach, ich hatte auf dem Rückweg doch nicht so viel Lust, nochmals mit der Bahn zu fahren. Wollte lieber die frische Luft genießen und bin die zwölf Kilometer dann gelaufen.“

„Warum hast du denn nicht das Auto genommen?“

Ich ignoriere diese äußerst gewagte Frage von Björn.

„Na?“, frage ich stattdessen und deute auf ihn. „Und warst du heute erfolgreich?“

„Kann man wohl sagen“, sagt Björn zufrieden. „Also das mit dem Ausbildungsplatz für den Tierpfleger hat nicht so gut geklappt. Da ist kurz vor dem Gespräch so ein Frauchen mit ihrem Dackel gekommen und da war es vorbei mit mir. Ey, der war aber auch groß, bestimmt so groß wie ein zwei Meter großes ... öhm ... Kaninchen. Brauchst du gar nicht so die Augen verdrehen. Na ja, jedenfalls bin ich dann erst mal nach Hause gegangen.“

So viel Dummheit in so wenigen Sätzen.

„Na schön“, sage ich. „Und was erzählst du mir da von wegen ‚erfolgreicher Tag‘?“

„Deswegen“, sagt Björn und deutet auf den Fernseher. „Ich habe jetzt endlich bei Guitar Hero III Stevie Ray Vaughans Song Pride and Joy auf Profi durchgezockt.“

Ich schweige kurz und versuche mich zu sammeln.

„Und“, beginne ich im Tonfall eines nachsichtigen Grundschullehrers, „du möchtest jetzt ernsthaft damit versuchen, Geld zu verdienen, um endlich auch einmal etwas zur Miete beizusteuern?“

„Nein“, winkt Björn lachend ab. „Ich bin doch nicht dumm. Mein großer Traum ist es ja eigentlich, Astronaut zu werden.“

Ich starre ihn unverwandt an.

„Ich werde jetzt ins Bett gehen.“

Den Schlaf habe ich ohnehin nötig.

„Jo, mach das. Ich kenn das. Manchmal muss man sich einfach auch mal ausruhen. Ich hatte letzte Nacht übrigens einen voll komischen Traum. Ich war ein Zauberer und habe einen Kampf geführt gegen das dunkle Heer und das feurige Gemächt Saurons. Das stand in riesigen Flammen auf einem schwarzen Turm. Was der Traum wohl zu bedeuten hat?“

„Möglicherweise, dass du dir die ‚Herr der Ringe‘-Filme noch einmal anschauen solltest. Was hattest du eigentlich an in deinem Traum?“, frage ich.

„Ähm, einen Hut, echt nice Zauberstiefel und mein grünes Converse-T-Shirt. Wieso?“

Ich zucke die Schultern. Björn war also nicht der Weiße und nicht der Graue. Er war Gandalf, der Grüne.

Zumindest eine Frage aus der vergangenen Nacht konnte ich klären. Aber ein paar habe ich noch.

Wieso heißt es zum Beispiel: Ausnahmen bestätigen die Regel? Das macht keinen Sinn. Ich meine, stellt es euch vor:

‚Alle Autos sind rot.'

‚Aber mein Auto ist grün.'

‚Tja, Ausnahmen bestätigen die Regel.'

Ist doch Quatsch.

Oder auch dieser Spruch ‚Das sieht aus wie bei Hempels unterm Sofa' wirft doch so manche Fragen auf.

Wie sieht es unter den anderen Möbeln der Hempels aus? Woher weiß man überhaupt, wie es unter dem Sofa dieser Familie aussieht? Und wenn es einem schon unangenehm auffällt, wieso macht man nicht einfach selbst unter dem Hempelsschen Sofa sauber – oder spricht die Familie einfach mal darauf an, statt sie in aller Öffentlichkeit über Jahrzehnte hinweg zu verunglimpfen? Traurige Gesellschaft, in der wir leben. Null Fehler- und Sofabodentoleranz.

DIE DOKTOREN GUSTAFSSON UND SCHIESS-MICH-TOT

Ich weiß nicht, wie spät es ist. Es müsste irgendwann Samstag in der Früh sein.

Die Klingel läutet Sturm. Ich schlüpfe schnell in meinen Morgenmantel, verwuschele meine Frisur, die durchs Schlafen immer glatt und gekämmt aussieht, und renne eilig zur Wohnungstür.

Zwei Männer stehen im Flur, sie tragen dunkelblaue Anzüge und eine geschäftige Miene.

Auf ihren Plaketten steht der Schriftzug „Psychiatrische Klinik Lilleholm".

Niemanden sonst hätte ich an einem frühen Samstagmorgen in Anzug und munterem Zustand erwartet. Die können schon nicht mehr alle Vögel im Käfig haben.

„Guten Tag", kräht der eine von ihnen und reicht mir seine Hand.

Ich gucke auf sie herab und zähle die Finger. Es sind fünf, ich kann sie also schütteln. Bei Psychiatern muss ich nämlich immer an den irren Hannibal Lecter denken, der aufgrund eines Gendefekts sechs Finger an einer Hand hatte.

„Mein Name ist Professor Doktor honoris causa Diplom-Psychologe und Gesundheitsökonom Gustafsson und das ist mein Partner, kurz Professor Doktor H&M Diplomat abc Mettwurst Schieß-mich-tot."

Tut mir leid, ich kann den Namen nicht mehr ganz rekonstruieren. Es war schon schwierig genug, sich die Titel vom ersten Doktor zu merken. Ich habe ja nicht immer meinen Laptop dabei.

„Oh, na ja, wo die Liebe hinfällt, nicht wahr", lächele ich freundlich.

„Wie bitte?", fragt Herr Gustafsson. „Nein, nein, ich spreche hierbei von einem Arbeitspartner, nicht von einem Lebenspartner."

„Verstehe schon", sage ich und zwinkere ihm zu.

Herr Gustafsson scheint ein wenig säuerlich, weshalb sein Herzensblatt nun für ihn in die Bresche springt.

„Herr Svensson, wir sind im Auftrag des Lilleholmer Instituts für Psychiatrie und Psychotherapie unterwegs. Dürften wir kurz eintreten?"

Ich seufze.

„Ich habe mir bereits gedacht, dass dieser Moment kommen würde. Leider muss ich Sie enttäuschen. Björn ist außer Haus."

Auch Doktor Schieß-mich-tot scheint nun verdutzt.

Ist aber auch wirklich noch früh am Morgen.

Ich lasse die beiden Herren dennoch eintreten und mache ihnen einen Kaffee. Dann stelle ich ihnen eine gemeinsame Tasse auf den Tisch. Fragend schauen sie mich an. Ich hebe abwehrend die Hände.

„Tut mir sehr leid. Mein Mitbewohner hat mir eigentlich versprochen, die Spülmaschine anzuschalten. Darum habe ich jetzt kaum Geschirr. Ich kann ihnen aber für die Tasse zumindest zwei Strohalme anbieten. Welche Farbe möchten Sie denn gerne haben?"

Herr Gustafsson schaut mich an, als wäre ich von einem anderen Stern.

„Rot. Oder lila", sagt Herr Schieß-mich-tot sofort.

„Interessant", denke ich. Also ist er der Gefühlvolle mit Hang zum Ästhetischen in der Beziehung.

„Wissen Sie, was das Lustige an der Sache ist?", frage ich lachend. „Ich habe hier zwei Nervendoktoren am Tisch sitzen und habe selbst keine Tassen mehr im Schrank."

Herr Schieß-mich-tot stimmt in mein Lachen ein, nur Herr Gustafsson ist wohl noch nicht so ganz aufgetaut.

„Herr Svensson, ich muss Sie doch sehr bitten. Einen etwas seriöseren Auftritt darf ich bei der Gelegenheit wohl schon verlangen."

Ich nicke und denke an den Tod meiner Uroma, um die nötige Ernsthaftigkeit zu erlangen.

„Was ist denn nun schon wieder?", fragt Herr Gustafsson entnervt, als mir plötzlich Tränen die Wangen herunterrinnen. Herr Schieß-mich-tot schlürft derweil durch seinen lila Strohhalm den lauen Kaffee und scheint mich nicht zu bemerken.

Ich beruhige mich wieder.

„Verzeihung. Ich habe meine Uroma halt wirklich lieb."

Darauf ernte ich nur weiteres Kopfschütteln von Herrn Gustafsson.

„Ich habe meine Uroma auch lieb", wirft Herr Schieß-mich-tot ein.

„Ja, das ist schön. Ich würde dennoch gern wieder zurück zum eigentlichen Grund unseres Besuches kommen", meint Herr Gustafsson, sichtlich um seine Beherrschung bemüht. Ich will nicht, dass er einen Nervenzusammenbruch erleidet und als Patient seines Lebenspartners endet und nehme deshalb seinen Vorschlag an.

„Wenn Sie nicht wegen Björn da sind, womit kann ich Ihnen denn dann weiterhelfen? Hat sich Jonas Gehirnerschütterung verschlimmert? Ich hatte damit nichts zu tun. Das weiß auch Jonas Mutter. Fragen Sie sie ruhig, wenn Sie mir nicht glauben."

„Nein, Herr Svensson", kräht Herr Gustafsson. „Es geht hier weder um einen Jonas noch um einen Björn oder irgendeine Uroma. Wir sind hier wegen Ihrer neuen Nachbarin."

DAS MÄDCHEN VON NEBENAN

„Unsere Nachbarin?"

Björn geht unruhig auf und ab.

„Was ist denn nun, wenn sie nachts kommt und mich erdrosselt?"

Dann lade ich sie einmal ins Kino ein, denke ich, verwerfe den Gedanken jedoch wieder, als mir mein Kontostand einfällt. Grundschullehrer und Möchtegern-Schriftsteller eben.

„Nein, ich habe dir doch erzählt, was die Professoren meinten. Sie ist höchstens eine Gefahr für sich selbst. Man hatte sie früh einweisen lassen, weil sie unter einer besonderen Form einer dissoziativen Identitätsstörung litt. Aber nun ist sie geheilt und entlassen worden und führt jetzt zum ersten Mal ein selbstständiges Leben. Sie entdeckt die Welt neu, fast wie ein kleines Kind, verstehst du?"

Björn nickt, doch bei dem medizinischen Fachwort hat er geistig irgendwie abgeschaltet.

„Sag mal, wie viele Finger hatte eigentlich der Psychodoktor?", fragt er stattdessen.

„Fünf", sage ich, froh, dass ich nicht der einzig paranoide Mensch auf dieser Welt bin.

„War es denn auch die linke Hand?“, fragt Björn skeptisch.

Ich bin mir unsicher, nicke dennoch.

Björn schaut auf seine eigenen Hände.

Er betrachtet sie eine Weile und wieder einmal bleibt mir nichts anderes übrig, als auf die nächste Interaktion zu warten.

„Sag mal, wo kommen eigentlich die Fingernägel her?“, fragt Björn.

Manchmal ist so eine Grundschulklasse schon einfacher.

Der Nachmittag plätschert dann so vor sich hin. Nur einmal verlasse ich die Wohnung und das auch nur, um die Post zu holen.

Und dabei begegne ich dann auch ihr.

Lange rotblonde Haare fallen ihr wie ein Vorhang über die Schultern, ihre blassgrünen Augen heben sich leicht von ihrem hellrosa Teint ab.

Sie sieht aus, als hätte sie ihr ganzes Leben lang nur Bioprodukte gegessen und doch wirkt ihr unspektakuläres Erscheinungsbild recht hübsch und anziehend.

Gleichzeitig erkenne ich sofort, dass sie das Mädchen sein muss, das mir die Professoren Gustafsson und Schieß-mich-tot beschrieben hatten.

Barfuß steht sie im Treppeneingang, leicht wacklig auf den Beinen. Ihr transparentes Kleidchen sitzt etwas schief und ihre Minnie-Mouse-Unterwäsche blickt durch.

Dazu trägt sie rote Kirschen an den Ohren und summt vor sich hin.

„Hallo“, sage ich freundlich und schließe meinen Briefkasten auf.

„Hallo?“, säuselt sie verwundert. „Kennt der Herr mich denn?“

Ich drehe mich zu ihr um.

„Äh nee. Aber man grüßt sich halt hier im Haus.“

Sie nickt.

Mir ist etwas unwohl und ich kann gar nicht schnell genug die Treppen hochsputen.

Kurz bevor ich wieder in meine Wohnung verschwinde, ruft sie mir hinterher.

„Hallo.“

Ich schiebe meinen Kopf noch einmal in den Flur zurück, lächele sie an und kehre schleunigst zurück zur Couch, die aber schon längst von Björn eingenommen ist.

„Ich war keine zwei Minuten weg", beschwere ich mich.

„Weggegangen, Platz gefangen."

„Na schön", sage ich. „Hast du die Kanelbullar eingekauft?"

Björn deutet auf den Tisch.

„Für mich sind das zwar Zimtschnecken, aber bitte. Findest du nicht, dass du ein bisschen übertreibst mit deinem plötzlichen Skandinavien-Wahn?", meint er.

Ich schaue kurz in meinem Langenscheidt-Wörterbuch nach.

„Håll klaffen", serviere ich ihn ab.

Dann schlage ich das Lilleholmer Wochenblatt auf und überfliege die Titel:

‚Ikea meldet große Verluste', ‚Zwei Meter großer Dackel versetzt Innenstadt in Angst und Schrecken', ‚Gehirnerschütterungen bei Kindern und Jugendlichen nehmen zu'.

Ich stoße auf eine Vermisstenanzeige, die dann doch mein Interesse erweckt.

„Der kleine Michel wird vermisst", lese ich laut vor. „Der erst sieben Jahre alte Junge verabschiedete sich bei seinen Eltern mit den Worten: ‚Ich geh nur mal kurz Kippen holen', doch er kam nicht wieder. Seine Eltern sind außer sich vor Sorge. Wir bitten Sie um Hinweise, falls Sie Michel in den letzten Stunden zu Gesicht bekamen.

Er trägt kaputte Chucks, einen blauen Blaumann und ein rotes Halstuch hat er um den Hals gebunden."

„Kaputte Chucks", sagt Björn abwertend. „Das ist doch doppelt gemoppelt."

Komisch. Die Beschreibung passt perfekt auf den zittrigen Jungen, dem ich in der Bahn zur Flucht verholfen habe, denke ich im Stillen. Dann schreie ich auf.

„Oh, Mann! Was ist denn? Hast du den kleinen Jungen etwa schon mal in der Bahn gesehen und ihm aus dummem Versehen und nichtigen Gründen widerrechtlich zur Flucht verholfen?", fragt Björn erschrocken. „Oder warum schreist du so hysterisch?"

„Nee, hier, guck mal. Knisterjoghurt wird wieder teurer!"

UNSERE KLEINE MORGENRUNDE

Das Wochenende ist vorbei und ich sitze mit den Kindern auf dem Boden im Montagskreis. Zu meinem Erleichtern überwiegt die Müdigkeit heute das Schnattern.

„So, zunächst die Anwesenheitsliste. Handzeichen reicht. Arne? Schön, danke. Eik? Gut, okay. Finja? Habe ich gesehen, danke. Ida? Sehr schön. Jenni? Ah hier, gut. So, Jonas fehlt. Kathi? Ach, gleich neben mir. Lisalotta? Schön. Malte? Auch da, prima. Maja? Die kleine Biene ist auch schon eingeflogen. Moritz sehe ich auch. Sehr gut. Ronja? Schön. Sarah? Hmm. Und Paulchen auch. Toll. Na, dann erzählt uns doch einmal von eurem Wochenende."

Plötzlich dröhnt mir ein Getöse verschiedener Stimmen entgegen und ich falle fast von meinem Spongebob-Kissen.

„Halt, halt, halt. Einer nach dem anderen. So, wir fangen mal bei Malte an. Wie war denn dein Wochenende?"

„Also, an dem einen Tag gab es Pfannkuchen und an dem anderen gab es früh Schokomüsli und dann Hackbällchen", sagt der etwas rundliche Junge.

„Aha, ja, ähm, das klingt doch nach einem gelungenen Wochenende. Und bei dir, Paulchen?"

„Bei mir gab es auch Pfannkuchen, Herr Svensson."

„Oh. Na, wir wollen aber nicht nur über das Essen reden. Was habt ihr denn so erlebt? Ja, Ida?"

Die Jüngste von allen macht sich ganz groß auf ihrem Kissen.

„Ach, Herr Svensson, ich habe was ganz Tolles mit Mutti gemacht. Wir waren im Tierpark und ich habe die kleinen Ziegen gestreichelt", piepst Ida stolz.

„Na, das klingt doch wirklich schön", entgegne ich lächelnd.

Das kann Lisa nicht auf sich sitzen lassen.

„Ich hab auch die Ziegen gestreichelt!"

„Ich auch", ruft Ronja.

„Ich zuerst", ruft Moritz.

„Ich hab auf die Ziege sogar gereitet", echauffiert sich Jenni.

„Du meinst ‚Ich bin auf der Ziege geritten'", verbessere ich.

„Du auch?", fragt Jenni erstaunt.

Ich schüttele den Kopf.

„Bei mir gab es auch Pfannkuchen", ruft Arne erbost.

Kathi meldet sich.

„Ja, Kathi?"

„Herr Svensson. Ich muss mal für kleine Mädchen."

Ich seufze.

„Aber klar doch."

Wie immer gehen jetzt alle Hände nach oben, doch ich halte durch.

„Will sonst noch irgendwer etwas über sein Wochenende sagen?", frage ich.

„Mein Hund hat meine Hausaufgaben aufgegessen!", ruft Finja.

„Ich habe euch doch gar keine Hausaufgaben aufgegeben", beruhige ich sie.

„Du hast doch gar keinen Hund", motzt Paulchen.

„Petze", verteidigt Lisa ihre Freundin.

„Spiegelbild", ruft Paulchen und macht eine merkwürdige Handbewegung.

„Selber, selber, da lachen alle Kälber", antwortet Lisa wortgewandt.

„Und der ganze Bauernhof und du bist doof", kontert Paulchen.

„Ha, heute ist Umkehrtag", triumphiert Lisa.

„Bin geimpft", gibt Paulchen nicht klein bei und verknotet die Finger.

„Fingerverknoten gilt nicht am Umkehrtag", piepst Ida.

Die Diskussion wird allmählich zur Volksdebatte, doch zum Glück gibt es da noch immer den kleinen Eiki, der plötzlich aus dem Nichts einen Schluckauf bekommt, woraufhin alle lautstark lachen müssen.

Nur Arne lacht nicht, aber der sitzt auch neben Sarah.

Ich versuche so lange wie möglich mitzulachen, da ich diese Stunde eh nicht mehr zum Unterricht kommen werde. Kathi kommt zurück ins Zimmer.

„Ich hab auch die Ziegen gestreichelt", ruft Malte völlig aus dem Zusammenhang.

Alle blicken ihn erstaunt an.

Malte selbst blickt drein, als hätte er bereits vergessen, dass er etwas gesagt hat. Seufzend schaue ich auf die kleine Schuluhr über der Tafel und weiß, dass das heut noch ein langer Tag werden wird.

Und doch freue ich mich darauf. Irgendwie.

VÄNNTJE

Ich komme mit mäßiger Laune aus dem Bad.

„Du, Björn. Björn?", rufe ich.

Ich finde ihn vor dem Kühlschrank. Ich beobachte, wie er immer und immer wieder die Kühlschranktür ganz langsam zufallen lässt und umso schneller wieder aufreißt.

„Ich will wissen, ob das Licht auch wirklich ausgeht", erklärt er sachlich.

„Prima", sage ich. „Danach kannst du gleich mal versuchen, ob du es schaffst, schneller eine Grimasse zu ziehen als dein Spiegelbild. Damit kann man auch mal einen wertvollen Tag verplempern. Weißt du übrigens, warum das Wasser kalt ist?"

Björn guckt mich dümmlich an.

„Warst du etwa auch vier Stunden duschen?"

„Wie bitte?“, frage ich und hoffe, mich verhört zu haben.

„Ich war vorhin duschen und wollte mal testen, wann das warme Wasser aufhört. Und das hat vier Stunden gedauert. Danach hatte ich ganz schöne Schrumpelfinger.“

Er gluckst.

„Alter!“, rufe ich entnervt. „Von welchem Baum hast du denn geraucht?“

Um wieder etwas herunterzukommen, beschließe ich, hinunter zum Hafen zu laufen.

Völlig übernächtigte Menschen huschen an mir vorbei, den Korb voller Knoblauchzehen und Kruzifixen. Ach Mist, dann kam wohl gestern Nacht die Free-TV-Premiere von The Bloody Vampires never died – Prepare to Apocalypse: Reloaded II.

Ich laufe über den Markt und begegne meiner Nachbarin.

„Hallo“, rufe ich und schlendere zu ihr herüber.

„Wir sind doch gar nicht im Haus?“, sagt sie verwundert.

„Oh, ähm ja, das stimmt. Aber jetzt kennen wir uns ja auch schon ein wenig.“

Sie zieht die Augenbrauen zusammen. Das sieht sehr niedlich aus, finde ich.

„Ich weiß doch nicht einmal Ihren Namen.“

„Ole. Ole Svensson heiße ich.“

Sie nickt langsam.

„Möchten Sie mir Ihren Namen auch nennen?“, frage ich unsicher.

Sie zögert kurz.

„Ja“, sagt sie dann lächelnd. „Also, momentan heiße ich Vänntje. Mein Therapeut hofft, dass ich auch länger noch so heißen werde“, plappert sie unbekümmert.

„Ja, das wäre in der Tat schön, nicht wahr?“, lächele ich und fühle mich dabei völlig bekloppt. Doch da, wo Vänntje herkommt, gehört Beklopptsein vielleicht ja zum guten Ton, versuche ich mir einzureden.

„Es ist heute übrigens mein erster Einkauf alleine“, plappert sie weiter, teils auch stolz.

Das habe ich mir bereits gedacht.

In ihrem Korb sind nämlich genau die Dinge, die man nicht einkaufen sollte.

Zum einen hat sie eine Dreierpackung ‚waschechte Rolex-Uhren' gekauft. So wie die aussehen, sollte man sie beim Waschen allerdings lieber abnehmen, bevor sich noch der Rost absetzt. Keines der Produkte, die ihr angedreht wurden, scheint außerdem noch im Bereich der Haltbarkeit zu liegen und ich hoffe, dass sie den Benzinsprit nicht als Speiseöl benutzen möchte.

„Oh, wie ich sehe, gibt es heute Bohnen?", frage ich und deute auf das große Glas. Zumindest da scheint sie ein glückliches Händchen gehabt zu haben.

Sie nickt eifrig.

„Ja, die alte Frau bestätigte mir, dass das echte Zauberbohnen sind", flüstert sie geheimnisvoll. „Wenn man sie einpflanzt, wächst am nächsten Tag eine riesige Ranke, bis zum Himmel hoch. So hoch, dass man deren Ende gar nicht sehen kann! Stellen Sie sich das nur mal vor, Ole. Dafür musste ich der guten Frau nur 150 Kronen zahlen!"

Insgeheim schäme ich mich für meine Lilleholmer Mitmenschen und ihre Geldabzocke, möchte meiner Nachbarin aber auch nicht die Freude nehmen.

„Na, dann wünsche ich Ihnen viel Erfolg, Vänntje", bleibt mir so nur zu sagen.

„Du kannst ‚Du' zu mir sagen, ich sage ja auch ‚Du' zu dir", lächelt sie.

Ich nicke, bin mir jedoch sicher, dass sie das bisher nicht getan hat.

Da sie außer den Bohnen nur giftigen Fraß gekauft hat und die Bohnen, wie bereits erwähnt, auch nicht zum Verzehr gedacht sind, habe ich sie prompt in die WG zum Abendessen eingeladen. Keine fünf Minuten daheim, klingelt es auch schon.

„Zieh dir bitte eine Hose an", rufe ich Björn noch hinterher und öffne Vänntje die Tür.

Sie trägt ein rotes Tinkerbell-T-Shirt und kurze Shorts.

„Ach, schönes Shirt, das ist doch von Peter Pan", sage ich lächelnd.

Vänntje guckt etwas böse.
„Nein, das ist von mir."
Björn schlendert zur Tür.
„Hallo, ich bin Björn."
„Hallo, ich bin Vänntje", sagt – wer hätte es anders erwartet – Vänntje.
„Oh. Schönes Shirt. Ich habe auch ein T-Shirt, wo es um Märchen geht. Da steht drauf: ‚Lieber sieben Mal Schneewittchen als einmal mit den Zwergen'."
„Widerlich. Und so ein T-Shirt hast du doch gar nicht", werfe ich ein.
„Weißt du, wie teuer die sind?", ruft Björn beleidigt.
„Sei doch nicht beleidigt. Und ruf nicht so laut. Steh doch neben dir."
Vänntje räuspert sich.
„Bekommt sie jetzt einen epileptischen Anfall?", flüstert mir Björn ängstlich ins Ohr.
Ich schiebe Björn von mir weg.
„Also Vänntje, komm doch erst mal rein. Fühl dich wie zu Hause."

EIN KURIOSES ABENDESSEN

Der Abend ist einfach großartig.
Vänni, so dürfen wir sie jetzt nennen, ist nicht halb so verrückt, wie wir befürchtet hatten. Sie erscheint nur ab und an noch ein bisschen kindlich, doch ich als Grundschullehrer bin das ja gewohnt. Von Björn.
„So", sage ich.
„‚So', sprach der Oberförster und schwang sich von Kronleuchter zu Kronleuchter, um die Teppiche zu schonen", grinst Vänni.
„Nobel geht die Welt zugrunde", stimmt Björn melancholisch ein.
„Ähm. Auf unserer Wiese gehet was, watet durch die Sümpfe ...", versuche ich auch etwas beizusteuern.

Björn nickt. „Unplugged klingt das echt noch geiler.“

„So“, sage ich dann und begehe damit den gleichen Fehler schon wieder.

„‚So‘, sprach der Oberförster und schwang sich von Kronleuchter zu Kronleuchter, um die Teppiche zu schonen“, grinst Vänni erneut.

„Nobel geht die Welt zugrunde“, stimmt Björn melancholisch ein.

Ich überlege, ob ich das ‚So‘ noch einmal wiederholen sollte, denn damit werde ich meine Buchseiten sicher schnell voll bekommen, doch eigentlich nervt es mich jetzt schon.

„Na dann“, sage ich.

Abwartendes Schweigen. Okay, ich kann also fortfahren.

„Da wir nicht wissen, was du gerne isst, haben wir ein kleines Büffet erstellt, aus dem du dir nehmen kannst, was du möchtest.“

Vänni nickt und wir werden Zeuge eines unglaublichen Spektakels.

Zuerst isst Vänni Apfel auf Schnitte.

Dann isst Vänni Tofu mit Rollmops.

Das mit der Banane zum Steak habe ich schon mal gehört, aber Schnitte auf Zwieback macht mir dann doch schon Angst.

Langsam geht mein Blick zu Björn. Er nickt.

„Ich weiß“, flüstert er mir zu, tippt sich an die Stirn und schnaubt verächtlich. „Sie isst Pommes mit Majo statt mit Ketchup.“

BJÖRNS WAHRE BERUFUNG

Nach einem ereignisreichen Schultag komme ich nach Hause.

Unter anderem habe ich heute festgestellt, dass Eiki nicht unbedingt ein ruhiger Typ ist, sondern dass er einfach überhaupt nicht sprechen kann.

Ein Grundschüler aus einer der höheren Klassen hat außerdem auf den Tafeln eine sehr interessante Botschaft hinterlassen. ‚Widerstand gegen die blöden Auslender!‘, steht dort nämlich in großen Buchstaben geschrieben.

Zuerst dachte ich, wie wahrscheinlich alle, dass eine neonationalsozialistische Dumpfbacke sich damit ein schönes Eigentor geschossen hat.

Doch dann ist mir eingefallen, dass das englische Wort ‚Lender‘ übersetzt ‚Kreditgeber‘ heißt und dieser Bannerspruch als sozialer Wachruf gegen die Wirtschaftskrisen und die Ausbeutung der einfachen Menschen gemeint sein könnte. Das habe ich jedenfalls Jonas Mutter erzählt, als sie ihren Sohn nach dem kleinen Hausmeister-Besen-Malheur wieder zur Schule brachte. Den kleinen Tafel-Parolen-Spacken knüpf ich mir ein anderes Mal vor. Für heute ist erst mal Feierabend.

Völlig ermattet möchte ich mich nun auf die Couch werfen, doch da liegt bereits Björn mit heiterem Gemüt à la Klaus Kinski.

„Na“, sage ich mit ruhiger Stimme. „Wieder am PC Minesweeper auf Großfeld gespielt, hmm?“

Da kann einem echt die Lust am Leben vergehen, sage ich euch.

„Nee“, grummelt Björn.

„Wart mal, du hast da was“, sage ich.

Björn springt auf und tanzt wie Rumpelstilzchen auf Ecstasy.

„Eine Spinne? Mach weg, los, schnell.“

„Nee, etwas Griesgrämiges. Genau im Gesicht.“

Björn starrt mich an.

„Alter. Mach das nicht noch einmal“, sagt Björn. „Ich kann Judo.“

„Du kannst gar kein Judo“, lache ich.

„Ich hab aber schon einmal Karate Kid geguckt“, grummelt Björn trotzig.

Ich erinnere mich an den verpixelten kleinen Stream aus dem Internet.

Wäre ich eine farbenblinde Ameise gewesen, wäre mir der Filmabend vielleicht positiver in Erinnerung geblieben.

„Dann sag mir doch mal, was mit dir los ist.“

Björn kratzt sich am Hinterkopf.

„Ach, na ja. Habe ja heute den Einstellungstest geschrieben für dieses Astronautending. Hab es wohl verbockt. Ich weiß dabei nicht einmal, woran es lag. Also, der erste Teil war Weltraumgeschichte. Dass Lance Armstrong der erste Mensch auf dem Mond war und so."

Ich nicke.

„Na ja, der zweite Teil war dann so ein Prüfungsgespräch. Da ging es um meine Motivation. Hab ich halt erzählt, was ich so gerne machen würde. So, den Mann im Mond besuchen, im Raumschiff Whitney Houston hören, mal zur Sonne fliegen und so. Der Standardkram halt."

„Zur Sonne fliegen?", frage ich. „Das ist doch voll heiß da."

„Ach, ich würde ja nachts fliegen, weißte?"

„Hmm, ach so. Und an dem Gespräch ist es letztlich dann gescheitert?"

„Ja. Und an meiner Höhenangst."

Ich klatsche mir mit der Hand an die Stirn.

„Du willst Astronaut werden und hast Höhenangst?", frage ich.

„Ja, so ein bisschen. Ab zwanzig Metern fang ich immer an zu grunzen."

Ich nicke.

„Na ja, das ist schon schade. Du hättest dann nämlich mal bei Gelegenheit den E plus-Satelliten ein bisschen mehr Richtung Lilleholm ausrichten können. Aber weißte was, mach doch einfach mal im Berufszentrum noch so einen allgemeinen Eignungstest. Die Bearbeiter suchen dann gezielt etwas nach deinen Fähigkeiten."

Gesagt, getan.

Eine halbe Stunde später kommt Björn wieder.

„Ich habe den absoluten Traumjob gefunden", jubelt er und liest laut vor: „Die Suche aufgrund der unten gelisteten Kriterien ergab, dass der geeignete Job für die Testperson lautet: Bettentester!"

„Wie bitte? Bettentester?", frage ich.

„Ja. Ist das nicht cool, Alter? Ich verdien mein Geld bald im Schlaf!"

Er reicht mir den Zettel. Ich überfliege die Tabelle.

Proband X erzielte folgende Ergebnisse	
(teils selbst ausgefüllt):	
Alter	24
Geistiges Alter	15
Intelligenz	wenig
emotionale Reife	null
Ängste/Phobien	Höhenangst, Angst vor großen Dackeln
Hobbys	Schlafen und Chickenburger
Sportliche Aktivitäten	Seepferdchen
Schule	qualifizierte Anwesenheit
Berufserfahrungen	zwei
Allergien	die Blumen von Frau Malmö
	Sachbearbeiterin: Jutta Malmö

Ich gucke Björn an. Sein Gesicht ist noch immer voller Pusteln.

„Oh, alter Schwede! Die Blumen haben dich ja echt verunstaltet."

Er nickt bekümmert.

„Das ist jedes Mal so. Meine Ohren sind heiß wie brennendes Eisen."

„Ja, und deine Nase sieht auch ganz schlimm aus. So eitrig und knollig."

„Nö, meine Nase ist wie immer."

„Oh, stimmt ja."

Björn schüttelt verstört den Kopf.

„Na ja, dann gratuliere ich dir jedenfalls erst einmal", sage ich feierlich. „Wie schön, dass man doch noch etwas für dich finden konnte. Und schön, wenn ich nicht mehr die Miete allein zahlen muss. Ach, und ich weiß auch schon ganz genau, wo du dann arbeiten könntest."

Ich grinse Björn an, dann kapiert er und stöhnt genervt.

„Ganz genau", lächele ich süffisant. „Im dänischen Bettenlager."

DER HERBST

Herbst.

Doofer Herbst.

Ich hasse Herbst.

Herbst hasse ich derbst.

Verschwinde.

Wie man meinem Elfchen (dem Steckenpferd des Grundschullehrers) bereits entnehmen konnte, ist mir der Herbst nicht so ganz angenehm.

Ich vermute, dass die Wörter ‚Herbst' und ‚Herpes' vom gleichen Urwort abstammen.

Warum ich den Herbst so blöd finde?

Ganz einfach.

Alles Schöne, was Frühling und Sommer aufgebaut haben, nachdem der Winter seine weiße Decke eingerollt hat, zerstört der Herbst in einer langwierigen, qualvollen Prozedur. Weg sind nun die Erdbeeren, weg die Gänseblümchen.

Weg der Minirock.

Ja, weg ist er nun, den ganzen Sommer noch verherrlicht und verehrt. Zusammengeknautscht mit all den anderen Miniröcken liegt er nun im Ikea-Schrank.

Er schreit. Er schreit ganz laut, doch die eisigen Herbstwinde halten ihn stumm.

Ich schreie. Und alle anderen schreien ganz laut, der Herbst aber lacht.

Na ja, zum Glück ist es ja jetzt am frühen Nachmittag dafür bereits so dunkel und neblig, dass wir einen Minirock eh nicht hätten sehen können.

Und so kann man ebenfalls nicht sehen, wie ich mich in meiner peinlichen Paranoia alle drei Schritte umdrehe und nachschauen muss, ob es sich bei dem raschelnden Laub nicht doch in Wahrheit um einen Haufen voller Geldscheine handelt, die ich oder andere Passanten haben fallen lassen. Aber auch das kann ich in der Dunkelheit ja nicht erkennen.

Der Herbst ist wie der Winter, nur ohne Schnee.

Quasi der Björn unter den Jahreszeiten.

Auch das Lied mit dieser Geburtsmaschine von Frau müsste man glatt umdichten: „Es war eine Mutter, die hatte vier Kinder. Den Frühling, den Sommer, den Björn und den Winter. Der Frühling bringt Blumen, der Sommer bringt Klee, der Björn, der bringt gar nichts, der Winter den Schnee."

Jeder steuert etwas Schönes bei, wenn seine Zeit gekommen ist.

Und du, Herbst? Du machst viel Wind um nichts.

Ja, toll, die Bauern dürfen dann Kartoffeln, Rüben und Kürbisse aus der Erde reißen. Wie großzügig. Da verhalten sich ja Aufwand und Belohnung wie bei einem Grundschullehrer.

Die einzigen, die von dir profitieren, sind doch Apotheken und Tempo-Taschentuch.

Meine Laune ist vom Winde verweht.

Ich sitze darum im Warmen beim Bäcker, schlürfe meinen Kakao und esse meine Kanelbullar, bis meine Laune besser ist.

„Sieht nach Regen aus", sagt der Bäckermeister.

Ich nicke trübe.

„Ja", sage ich. „Aber man schmeckt, dass es Kakao sein soll, höhö."

EINSEITIGES SPIEL

Heute gab es die Klassenfotos.

Endlich kann Björn meine Kinderchen von der 1c auch mal sehen.

„Hehe", lacht er und zeigt auf Malte und dessen Schokoladenmund. Typisch Malte. Typisch Björn.

„Warum steht denn das Mädchen da ganz allein?“, fragt Björn.

„Welches? Ach so, ja, das ist die Sarah“, erkläre ich.

„Und der hier mit dem Verband um den Kopf, ist das Jonas?“

„Nö, das ist Moritz.“

„Oh, hat der auch etwas am Kopf?“

„Nee.“

Björn guckt mich fragend an, ich zucke die Schultern.

Er zeigt auf den kleinen lachenden Jungen.

„Das ist Eiki, oder?“

Ich nicke. Björn kann manchmal doch ein guter Zuhörer sein.

„Das ist übrigens die Tochter von Kathis Mutter“, sage ich und zeige auf das Foto.

„Ah, o. k. Und wie heißt sie?“, fragt Björn.

„Kathi ...“

Er gibt mir das Bild zurück.

„Weißt du eigentlich, dass dies das erste Klassenfoto ist, auf dem du endlich mal der Größte bist?“

„Haha, sehr lustig“, sage ich säuerlich.

Doch in Wahrheit bin ich deswegen stolz wie Oskar.

Muss nachher unbedingt mal zu Hause bei Mutti anrufen.

„Okay. Wollen wir jetzt Kniffel spielen? Oder Mensch-ärgere-dich-nicht?“, fragt Björn.

„Frag mich noch mal in fünfzig Jahren, wenn ich sterbenskrank bin und den Tod durch Langeweile vorziehe.“

„Na gut“, seufzt Björn. „Dann muss ich halt wieder allein gegen mich selbst spielen.“

„Gewinnst du wenigstens auch mal“, spreche ich ihm Mut zu. „Und dann klappt‘s auch besser als sonst, wenn du gegen dich selber pokerst?“

Björn nickt.

Ich lege mich auf die Couch und denke an Kathis Mama.

Björn Rot regt sich gerade furchtbar auf, dass Björn Grün ihn zum wiederholten Male herausgeschlagen hat.

Björn Gelb wirft indes Björn Schwarz vor, sich massiv verzählt zu haben.

„So macht das keinen Spaß", klagt Björn Gelb.

„Mensch, ärgere dich nicht", trällere ich.

„Halt du dich da raus", blaffen die Björns gemeinsam.

Völlig entnervt schlägt er nun die Spielfiguren vom Tisch.

„Tja, damit habe ich dann gewonnen", sagt vermutlich Björn Grün.

Nun sitzen wir einfach so da und vegetieren vor uns hin.

„Übrigens kommt U2 nach Lilleholm in zwei Wochen. Lust?", fragt Björn.

„Frag mich noch mal in fünfzig Jahren, wenn wir Mensch-ärgere-dich-nicht spielen."

DIE ETWAS ANDERE TRAUERFEIER

Björns Oma ist gestorben.

Ich unterstütze ihn tatkräftig bei der Organisation der Beerdigung.

„Ich bin mir nicht sicher, ob du wirklich dieses Zitat auf den Grabstein gravieren solltest", sage ich vorsichtig.

„Wieso nicht? Es war nun einmal ihr Lieblingslied", sagt Björn.

Es ist sinnlos, mit Björn zu diskutieren.

Dennoch halte ich ‚On The Highway To Hell' für einen fragwürdigen Schriftzug.

„Na gut", sage ich. „Wie sieht es denn mit der Gästeliste aus?"

Björn seufzt.

„Ich weiß nicht genau. Mein Opa ist ja schon verstorben. Und Papa fragte, warum er zu ihrer Beerdigung gehen solle, denn immerhin würde sie ja auch nicht mehr zu seiner gehen. Ich habe einen großen Artikel in die Zeitung gestellt. Im Grunde ist die ganze Seite mit den Traueranzeigen voll, aber wer weiß ..."

Ich merke, dass die ganze Sache Björn ein wenig mitnimmt.

„Wenn du möchtest, komme ich zur Beerdigung", sage ich nach einer Weile.

Und so passiert es dann auch.

Wieder einmal spüre ich, wie sehr ich den Herbst verabscheue.

Es ist früher Nachmittag und bereits stockdunkel, als wir über den Friedhof laufen.

„Siehst du etwas?", frage ich Björn ängstlich.

Klirk. Ich übersah wohl eine Vase.

Blumenerde verteilt sich auf meinen schwarzen Chucks.

Wir kommen auf einen von Laternenlicht beleuchteten Weg.

Vor mir sehe ich Björn in seinem Schornsteinfegerkostüm aus der siebten Klasse.

Er hatte leider sonst nichts anderes Schwarzes zum Anziehen finden können.

Nun bemerke ich auch, dass es sich bei der Blumenerde auf meinen Schuhen wohl eher um die Asche eines Verstorbenen handelt. Ein Glück, denke ich mir. Das lässt sich leichter wieder entfernen.

„Da drüben", ruft Björn.

Wir folgen dem Stimmenwirrwarr, das immer lauter wird.

Der Pfarrer steht vor dem offenen Grab und spricht gerade ein paar Worte.

Wie befürchtet haben sich nur wenige Leute eingefunden.

Eine Frau tritt vor, wirft Blumen ins Grab. Unter Tränen nimmt sie Abschied.

„Ich behalte sie als gute Freundin in Erinnerung. Möge sie ihren Frieden finden."

Björn kann sich nicht mehr länger halten.

„Was soll das hier eigentlich werden?", fragt er erzürnt.

Alle blicken sich zu ihm um.

„Das ist also der Dank an meine Oma? Eine bloße Handvoll Leute, die an ihrem Abschied teilhaben wollen und die ich heute zum ersten Mal überhaupt zu Gesicht bekomme? Ihr denkt, ihr hättet sie gekannt? Werft ihr darum Rosen in das Grab? Jeder wusste, dass sie Rosen hasste! Und was soll dieser poplige Sarg in Rosa? Jeder wusste, dass sie Rosa hasste! Ihr kanntet sie gar nicht. Sie hätte auf solch einen Sarg gepinkelt, jawohl. Sie hätte an ihrem eigenen Grab gefeiert. Oh ja, das hätte sie!"

Und dann zieht Björn die Hosen herunter und ein Strahl ergießt sich über dem Sarg.

Ich zucke die Schultern und unterstütze meinen Freund bei seiner Aktion.

Tatsächlich greift sich nun auch ein anderer Betroffener ein Herz und schließt sich unserem Kommando an.

„Gut so. Und schön schlenkern", ruft Björn. „Das hätte Oma Margarete gewollt."

„Margarete?", fragt der ohnehin schon entsetzte Pfarrer. „Sie meinen sicherlich Anita, oder? Anita Linadotter, nicht wahr?"

„Nein, ich meine …", beginnt Björn stocksauer, doch ich zupfe ihn am Ärmel.

Unauffällig weise ich auf den präparierten Grabstein abseits der Trauernden.

‚Anita Linadotter. Schlummere sanft in Gottes Händen. Möge sich der Herr über solch Edeldame in seinem Reich erfreuen', steht da geschrieben.

„Oh", flüstert Björn.

Wie geprügelte Hunde schleichen wir uns weg von der falschen Trauerfeier.

Tatsächlich erwischen wir dann noch rechtzeitig die richtige Beisetzung. Die Anzahl der Trauernden ist zum Glück deutlich höher. Allerdings werden auch hier wieder rote Rosen ins Grab geworfen.

„Ist schon ein bisschen inkonsequent, hier nicht zu pinkeln", meine ich zu Björn.

„Ich hab mein Pulver schon verschossen“, flüstert Björn.

„Ich hab noch etwas zum Trinken dabei“, biete ich an.

„Bist du bescheuert?“, ruft Björn vor der ganzen Trauergemeinde. „Du willst, dass auf meine tote Omi gepinkelt wird? Du bist ja krank.“

Ich schwöre, am liebsten hätte ich Björn in diesem Augenblick mit ins Grab gestürzt. Stattdessen tritt er nun vor, um in seinem Schornsteinfegerkostüm ein paar spontane Worte an seine Oma zu richten, die er aus der vorherigen Beerdigung aufschnappte und nun wild zusammensetzt.

„Ich behalte sie als gute Freundin in Erinnerung. Schlummere! Der reiche Herr soll mit den Händen dich Edeldame in seinen Schoß drücken.“

Uff, als wäre eine Beerdigung nicht an sich schon unangenehm genug.

Dann ist Björns Bruder Thorben dran. Er hat die gleiche hagere Gestalt wie Björn, die gleichen dunkelblonden strähnigen Haare und auch diesen dauerhaft geistlosen Gesichtsausdruck wie Hein Blöd.

„Und dann schlürfte sie ihren Sekt und sagte, jetzt würde sie über ihre Verhältnisse sterben“, sagt Thorben und lacht gekünstelt.

„Das war doch Oscar Wilde“, werfe ich ein.

„Ein Märtyrer?“, fragt der Priester interessiert.

„Ein Mehrtürer? Nee. Mein Volvo ist ein Mehrtürer“, sage ich und suche in der Runde verzweifelt nach einem lachenden Gesicht.

„War einer“, verbessert mich Björn.

„Håll klaffen!“

FINGER WEG VOM INTERNET

„Hölle, Hölle, Hölle", gröle ich.

Diesen Ohrwurm bin ich seit der Beerdigungsfeier nicht mehr losgeworden.

„Hey", ruft Björn. „Komm mal fix."

„Was ist denn?", sage ich und laufe in Björns Zimmer.

Björn räuspert sich.

„Herzlichen Glückwunsch. Sie sind der eins null null null null null nullte Besucher auf dieser Seite", liest er aufgeregt vor.

Kinder sollten nicht allein ins Internet, denke ich mir sofort.

„Toll", sage ich laut.

„Sie haben eine Gretsch White Falcon gewonnen!", fährt Björn fort.

„Mensch", sage ich. „Das ist ja zufällig genau die Gitarre, die du auf der Plattform gesucht hast."

Björn meint nämlich, dass er aufgrund seiner Guitar Hero-Skills auch auf einer echten Gitarre richtig gut rocken könne. Dass dieser Gedankengang jedoch nichts weiter als ein Trugschluss ist, hätte ihm klar sein müssen, als er – oh Wunder – nach dem Rennspiel Need for Speed auch kein Auto fahren konnte.

„Klicken Sie einfach unten auf der Schaltfläche auf ‚Ja'", wiederholt Björn.

„Cool, die leiten dich bestimmt nicht auf eine kostenpflichtige, virenverseuchte Pornoseite", sage ich.

„Aber beeilen Sie sich", liest er weiter.

„Ja genau, sonst bist du vielleicht nicht mehr der 1.000.000. Besucher."

„Gut", sagt Björn hibbelig.

Ich ziehe schnell den Netzstecker. Der Computer geht aus.

„Oh nein", ruft Björn entsetzt. „Das blöde WLAN-Kabel ist herausgerutscht."

„Hölle, Hölle, Hölle", durchfährt es mich erneut.

WANDERTAG

Heute ist Wandertag.

Der aufmerksamen Leserschaft dürfte dies jedoch bereits schnell klar gewesen sein.

Wusstet ihr eigentlich, dass der Name Tetra Pak aus dem Schwedischen kommt?

Dieses Wissen nützt mir allerdings sehr wenig, als ich merke, dass eben diese Tetra Paks in meinem Rucksack fehlen.

Schade drum.

Ich hätte gerne lebend den Gipfel des Storebergs erreicht.

Merkwürdigerweise fehlen heute viele Kinder. Nur der schwerfällige Malte, seine schwerfällige Mutter, Kathi, ihre hübsche Mutter, Moritz, Ida, Finja, Lisa, Arne, Jonas und Eiki sind da.

Was für ein Jammer, denke ich. Sarah hätte die frische Luft sicher gut getan.

„Na dann", sage ich. „Auf geht's. Wir können uns viel Zeit lassen. Die Bergspitze ist nur ein mögliches Ziel. Wir müssen sie aber nicht erreichen. Hauptsache, wir bleiben als Gruppe zusammen", rufe ich, als ich, als Malte und seine Mutter losstürmen. Doch bereits nach fünf Minuten holen wir die beiden schwer keuchenden Bergziegen wieder ein.

Ich kann mich leider nicht näher mit Kathis Mutter beschäftigen, da die Kinder meine volle Aufmerksamkeit benötigen. So etwa Moritz, der eingeschnappt keinen einzigen Zentimeter laufen möchte, weil er heute von seiner Mama keinen Abschiedskuss bekommen hat. Ich nehme ihn also auf die Schultern und die nun plötzlich eifersüchtig gewordene Lisa an die Hand. In dieser Stapel-Neuinterpretation der Bremer Stadtmusikanten müssen wir ständig auf die kleine Ida warten, die ihrer Mama einen Blumenstrauß pflücken möchte. Mit der Behauptung, eine noch schönere Blume gefunden zu haben, tauscht sie dauernd gleich aussehendes Gestrüpp miteinander aus.

Das Genörgel lässt nicht lange auf sich warten.
„Ich kann nicht mehr."
„Ist es noch weit?"
„Ich habe Durst!"
„Ich will zu meiner Mama."
Irgendwann ist es dann auch genug.
„Herr Svensson, jetzt ist auch genug", sagt Arne und gibt mir sein Tetra Pak. „Und jetzt hören Sie schon auf, so zu jammern."
Die anderen Kinder stimmen Arne heftig zu.
Ich schlürfe eingeschnappt am Strohhalm.

WER BIN ICH?

Ein nackter Björn macht mir die Tür auf.

„Gegen Pelz! Gegen Pelz", ruft er und sein kleiner Björn schwingt dabei im Takt.

„Alter, dann rasiere dich doch einfach da unten, aber verdirb mir nicht die Lust auf mein Abendbrot", sage ich und dränge mich rasch an Tarzan vorbei.

„Und wie war der Wandertag?", fragt Björn, während er vor dem Spiegel seine nicht vorhandenen Muskeln anspannt.

„Ja, ganz nett. Ich wäre gerne noch bis zum Gipfel gelaufen, aber ein wildes Schaf hat Jonas attackiert. Dann war der Ausflug vorbei."

Das habe ich zumindest Jonas Mutter erzählt, als sie ihren Dickkopf erneut vorzeitig abholen musste. Tatsächlich aber stellten wir nach der halben Etappe fest, dass wir Eiki am Fuße des Berges vergessen hatten. Heldenhaft sprintete ich zurück zu dem einsamen Jungen, nicht zuletzt, um Kathis wunderschöne Mutter zu beeindrucken. Bei dem Blitzstart hätte selbst Usain Bolt nicht schlecht gestaunt, jedoch muss ich dabei irgendwo den armen Jonas übersehen haben. Echt mies.

„Echt mies", sagt Björn und trinkt sein Tetra Pak. „Hättest du die Kamera mal mitgenommen, dann hätten wir von Uppsala – Die Pannenshow dick Geld bekommen."

„Apropos, wie läuft es mit dem Geld-im-Schlaf-Verdienen?", frage ich neugierig.

„Keiner nimmt den Job so ernst wie ich", sagt Björn stolz.

„Stimmt", sage ich. „Wenn ich heimkomme, übst du meistens schon wieder."

„Ist auch anstrengend. So viele verschiedene Betten, die getestet werden müssen."

„Ach ja? Was denn so?", frage ich interessiert.

„Heute zum Beispiel musste ich so eine Holzkiste aus Rumänien ausprobieren: Modell ‚Dracula'. Dann war ich in so einem Treibsandbett – Modell ‚Nairobi' – da gehst du echt ein. Aber ein stinknormales schwedisches Wasserbett war auch dabei."

„Lass mich raten – ein Auslaufmodell?", frage ich witzelnd.

Versteht Björn nicht.

„Na gut", sage ich. „Lass uns halt jetzt etwas spielen."

„Wie wäre es mit ‚Wer bin ich'??", fragt Björn.

„Meinetwegen. Aber nur, wenn du dir etwas anziehst", stelle ich sofort klar.

„Prima", ruft Björn und holt sich ein T-Shirt.

Menschenskinder. Das darf doch alles nicht wahr sein.

„Hast du schon einen Charakter für mich, den ich erraten muss?", fragt Björn ungeduldig.

„Ja, warte doch mal … Okay, habe einen."

Wenn ich mir Björn so ansehe, kommt mir als Erstes Winnie Pooh in den Sinn. Da kommt er nie drauf. Ist halt nicht so ein Klassiker wie etwa Angela Merkel oder Peter Kloeppel.

„Gut, ich fange an", sagt Björn.

Ich nicke.

„Bin ich Winnie Pooh?“, fragt Björn.

Verdammt.

„So geht das nicht!“, sage ich trotzig. „Du musst doch erst mal ein paar Fragen stellen, verstanden?“

Björn nickt.

„Hast du einen?“, fragt Björn.

Ich nicke. Ich nehme noch einmal Winnie Pooh. Da kommt er jetzt erst recht nicht mehr drauf.

„In Ordnung. Komme ich aus dem Hundertmorgenwald?“, fragt Björn.

Verdammt.

„Ach, komm. Wir spielen mal andersherum. Dann siehst du besser, was ich meine.“

Vierundfünfzig Fragen später weiß ich, dass ich Angela Merkel bin.

Gut, denke ich. Jetzt mal nachdenken.

Das Stichwort heißt nun umgekehrte Psychologie.

Ich weiß, dass Björn auch beim zweiten Mal auf Winnie Pooh gesetzt hat.

Aber auch ein drittes Mal? Wohl kaum.

Andererseits wird er wissen, dass ich das denke.

Dann lieber jemand anderen. Aber das wird Björn wohl wissen.

Merry und Pippin sind damals auch Richtung Isengart gezogen, weil es das Dümmste und damit Unwahrscheinlichste war, was man erwarten konnte.

Ich könnte jetzt also erneut Winnie Pooh nehmen. Oder lieber Peter Kloeppel? Angela Merkel wäre natürlich auch eine Option. Aber da stehe ich vor dem gleichen Dilemma.

„Hast du endlich jemanden?“, fragt Björn und trommelt mit den Fingern auf den Tisch.

Ha! Er will also nicht, dass ich meine tief psychologische Gedankenkette weiterführe.

Dann weiß ich, wen ich nehme.

„Okay. Hab einen.“

„Bin ich männlich?“, fragt Björn.

„Hmm“, antworte ich.

„Schlecke ich gerne Honig?“

Verdammt.

HALLOWEEN

Ein Kürbiskopf, Spiderman mit Fledermaushaube und ein Gespenst mit dem Gruselfaktor von Lars der kleine Eisbär stehen vor der Tür.

„Na, da hat Mama ja mal ihr ganzes kreatives Talent unter Beweis gestellt“, murmele ich.

„Süßes oder Saures“, kreischen die Unterweltler.

Ich zucke die Schultern.

„Dann lieber Süßes“, sage ich und nehme Bonbons und Lutscher aus ihren Körben.

Ich gehe ins Wohnzimmer. Björn kommt um die Ecke.

„Alter, fiese Verkleidung!“, staune ich.

„Ha ha, ich habe ja noch nicht einmal angefangen“, blafft Björn beleidigt.

„Dennoch schaurig.“

Ich gucke gelangweilt zu, wie Björn versucht, sich einen Bart anzukleben.

Dann setzt er sich den ganzen Stolz seiner gesamten Schulzeit auf den Kopf – die Zuckertüte.

„Ich bin Gandalf, der Grüne!“, ruft Björn mit donnernder Stimme.

Dann guckt er mich schief an.

„Als was gehst du eigentlich?“

„Och, ich gehe dieses Jahr als der Undercoveragent Günter Wallraff.

Und zwar, wie sich der wiederum als Grundschullehrer verkleidet, um aufzudecken, wie schlecht es Beamte haben."

Björn staunt nicht schlecht.

„Wow. Du hast echt jedes Jahr ein geiles, originelles Kostüm!"

Stimmt, denke ich. Letztes Jahr bin ich Günter Wallraff gewesen in der Rolle des Halloween-Haters und davor war ich Günter Wallraff als müder Student.

Ich verkörpere diese Figuren auch stets sehr authentisch.

Plötzlich klingelt das Telefon. Björn nimmt ab.

„Ja ... blablabla ... ich rede großen Unfug ... blablabla ... ich habe noch nie eine Telefonrechnung bezahlt ... ja, blablabla ... ich bin Björn ... blablabla ... jede Konfirmation ist spannender als mein Gequatsche ... blablabla ..."

So wie damals, wenn Opa mir von seiner Wehrdienstzeit erzählt hat, beginne ich nun, in meinem Kopf die Jeopardy-Melodie zu summen. Diese Melodie, die häufig auch in Quizshows bei der nie enden wollenden Nachdenkphase des dämlichen Kandidaten als Zeitvertreib genutzt wird.

Dann legt Björn auf.

Ich hebe fragend die Augenbrauen.

Er hebt fragend die Augenbrauen.

Ich ziehe genervt die Augenbrauen zusammen.

Er macht eine Welle mit seinen Augenbrauen.

„Alter", sage ich. „Hör auf mit dem Scheiß. Was war denn nun?"

„Hast du nicht zugehört?", fragt Björn.

Sinnlose Frage.

„Big Sam hat sich das Bein gebrochen. Ich habe ihm gesagt, dass er ein paar Tage bei uns bleiben kann. Blablabla ... Jeopardy-Melodie ... Blablabla ..."

Moment. Big Sam? Oh nein.

Der kräftige, zwei Meter große Tierpfleger Sam wird bei uns hausen.

Das kann ja was werden.

„Was machst'n du jetzt wieder für ein Gesicht?", fragt Björn.
„Eins sage ich dir", entgegne ich genervt. „Wenn ich Gesichter machen könnte, hättest du schon längst ein neues!"

MANGELNDE KOMMUNIKATIONSKOMPETENZ

So, meine Lieben. Ich hoffe, dass ihr eure Eltern daran erinnert habt, dass heute Elternsprechtag ist."

Fragende Gesichter schauen mich an.

Eiki lacht. Eiki lacht immer über lange Wörter, die er nicht versteht.

Kathi meldet sich.

„Ja, Kathi?", frage ich.

„Hab doch nur die Fliege verscheucht, Herr Svensson."

„Ach so", sage ich.

„Ich habe auch die Ziegen gestreichelt", röchelt Malte.

„Okay, sonst noch etwas?", frage ich.

„Wie finden Sie meine neue Haarspange, Herr Svensson?", fragt Jenni.

„Jenni, melde dich bitte, wenn du eine Frage hast."

Jenni meldet sich.

„Ja, Jenni?"

„Hab's vergessen."

„Du wolltest mich nach deiner Haarspange fragen, oder?"

„Nee."

„Häh? Na gut, dann eben nicht", sage ich, bereits jetzt mit den Nerven am Ende. „Dann fangen wir jetzt einmal mit den Vorträgen an, die für diese Woche vorzubereiten waren. Wer möchte denn anfangen? Ja, Lisa? Sehr schön."

Die kleine Lisa geht nach vorn.

„Ich mache jetzt einen Vortrag über Pferde", sagt Lisa stolz.

Ich nicke.

Die Kinder nicken mir nach.

„Es gibt ganz viele Pferdchen. Braune Pferdchen, weiße Pferdchen, schwarze Pferdchen, braune Pferdchen mit Weiß, braune Pferdchen mit Schwarz ..."

Da ist sie wieder.

Die Jeopardy-Melodie.

„... und das war mein Vortrag über Pferde."

„Danke, Lisa", sage ich.

Danke, dass du aufgehört hast.

„Gibt es noch irgendwelche Fragen zu Lisas Pferden?"

Paulchen meldet sich.

„Ja, Paulchen?"

„Ähm, die Fliege ist jetzt bei mir, Herr Svensson."

„Und was soll ich da jetzt machen?", frage ich.

„Nichts, Herr Svensson", sagt Paulchen.

„Und warum meldest du dich dann?"

„Hab ich doch gar nicht. Ich hab doch nur die Fliege verscheucht."

Arne meldet sich.

„Hast du auch eine Fliege?"

Arne schüttelt den Kopf.

„Dann nimm doch deine Hand herunter."

Arne nimmt die Hand herunter.

„Ich wollte Ihnen doch nur etwas erzählen!", mault Arne.

„Ach ja?", sage ich entnervt. „Dann kannst du dich ja auch melden, oder?"

Arne meldet sich.

„Ja, Arne?"

„Herr Svensson, wussten Sie eigentlich, dass der Fachausdruck für Fliege Drosophila Melanogaster ist?"

Eiki lacht laut auf.

„Ja“, sage ich. „Aber kennst du schon den Witz von dem kleinen vorlauten Besserwisser, der immer ‚Nein‘ sagt?“

Arne guckt mich nachdenklich an.

„Nein.“

„Hehe.“

ELTERNGESPRÄCH

Zu Hause erwartet mich bereits ein völlig aufgewühlter Björn.

„Endlich bist du da. Wir müssen noch einkaufen, für Big Sam“, erinnert er mich.

„Ja, aber das hättest du ja schon längst machen können, oder?“, frage ich. „Ich muss nämlich gleich wieder los, um 16 Uhr beginnen die Elterngespräche.“

Björn kratzt sich am Kopf.

„Na schön. Was isst Big Sam denn so?“

„Na ja, bring doch einfach ein paar Törtchen und Kekse mit“, sage ich ungeduldig. „Und Obst wäre ja auch mal nicht schlecht.“

„Okay, dann hole ich einfach Bananen?“

„Ja, genau“, sage ich, ohne wirklich zuzuhören. „Also, ich muss dann mal los. Tschüss“, sage ich und mache mich auf die Socken.

Auf dem Weg zur Schule kicke ich die ganze Zeit einen kleinen Stein vor mir her. Einmal passe ich jedoch nicht auf und der Stein springt ins Gebüsch.

Ganz bequem hätte ich mir nun einen neuen Stein aussuchen können, aber irgendwie fühle ich mich genau diesem kleinen Stein verbunden. Nach fünf Minuten Suche habe ich ihn dann zum Glück wieder. Nur meine Hosenbeine sind zerkratzt und zerlöchert, aber das war es mir wert.

Vor der Schule angekommen, hebe ich den Stein dann schließlich auf und stecke ihn in meine Hosentasche. Zu den anderen Steinen.

Die Elterngespräche laufen ganz gut.

Endlich erfahre ich , warum Eiki schon mit fünf Jahren eingeschult wurde, obwohl er kaum sprechen kann. Damit er das Sprechen schneller lernt.

Gesprächiger als Eiki ist Lisas Mama, die pausenlos davon berichtet, wie ihre kleine Zuckerpuppe von dem Herrn Svensson schwärmt. Ich erzähle ihr hingegen, dass Lisa sehr ehrgeizig ist und zur Leistungsspitze der Klasse gehört, jedoch auch sehr schnell der Eifersucht erliegen kann.

Weniger Feedback kann ich Jonas Mutter liefern, da ihr Sohn meistens durch Kopfverletzungen außer Gefecht gesetzt war.

Endlich ist Kathis Mama an der Reihe.

Sie sieht einfach umwerfend aus! Am liebsten würde ich mein Handy herausholen, um ein Foto von ihr zu machen! Das käme aber eventuell falsch rüber und so reiße ich mich zusammen.

„Hallo, Kathis Mama", sage ich freundlich.

Sie lächelt.

„Nennen Sie mich ruhig Carolina", sagt sie und gibt mir ihre Hand.

In diesem Augenblick weiß ich, wie sich Schneemänner im Frühling fühlen müssen.

„Oh. Sehr gerne", bedanke ich mich lächelnd und lasse nur ungern ihre sanfte Hand wieder los.

„Was haben Sie da an der Nase?", fragt mich Carolina, die schönste Frau der Welt.

Ich ziehe schleunigst die Oropax aus der Nase. Verdammt! Die hatte ich nach dem Besuch von Sarahs Eltern wohl nicht wieder rausgenommen.

„Also?", fragt Carolina neugierig. „Wie stellt sich denn meine Prinzessin an?"

„Ach, Kathi und ich verstehen uns super. Sie ist wirklich ein tolles Kind. Auch in der Klasse ist sie sehr beliebt. Sie muss zwar übertrieben häufig auf Toilette, jedoch stellt das kein Problem für mich dar. Der kleine Sonnenschein erzählt wirklich dauernd von ihrem schönen Zuhause, da würde man ja am liebsten selbst mal vorbeikommen", sage ich lachend.

Carolina winkt ab.

„Ach, sooo schön ist es bei uns eigentlich nicht. Aber Sie können ja gerne einmal vorbeikommen und sich davon selbst mal ein Bild machen", lädt sie mich tatsächlich ein.

„Applaus, Applaus", imitiert meine innere Stimme Kermit, den Frosch. Die Taktik ging ja mal perfekt auf.

„Gute Idee", rufe ich. „Aber nein, im Ernst. Das kann ich nicht annehmen. Sie haben sicher viel zu tun. Ich möchte ja auch niemandem zu sehr auf die Pelle rücken."

Ich warte ab, doch jeglicher Widerspruch bleibt aus.

„Also", sage ich schließlich. „Wann soll ich denn vorbeikommen?"

BIG SAM

Mit einem einigermaßen zufriedenen Gefühl kehre ich heim.

„Hey", begrüßt mich Big Sam mit einer herzhaften Umarmung, bei der sich Leber und Milz endlich auch einmal näher kennenlernen dürfen. Dann kneift er mir in die Schulter.

„Hey! Schön dich zu sehen. Aber warum das Kneifen?"

„Weil du einen schwarzen Tierpfleger empfängst und dabei gleich an Bananen denkst."

„Hä? Björn war doch einkaufen, nicht ich."

„Ach jaaa", sagt Björn. „Stimmt ja, jetzt fällt es mir wieder ein. Jap. Nee, klar."

Big Sam und ich verdrehen die Augen.

„Tut mir leid, ich kenne außer Bananen, Yogurette und Wodka Feige einfach nicht so viel mit Obst“, murmelt Björn.

„Kennt er wirklich nicht“, seufze ich. „Wo ist denn dein Gepäck, Sam?“

„Yo, also der Schlafsack liegt schon neben der Couch und die Tierchen schlummern bereits in ihren Terrarien auf der Fensterbank.“

Ich hatte es befürchtet. Big Sam hat seine Haustiere mitgebracht.

Normale Menschen halten sich einen Hund, Kaninchen, Wellensittiche, etwas Possierliches halt.

Big Sam steht wohl eher auf giftige Reptilien und Spinnentiere.

„Toll“, sage ich und hoffe, den Sarkasmus gut unterdrückt zu haben. „Wen hast du uns denn hier so mitgebracht?“

Big Sam humpelt zum Fenstersims.

„Also, das hier ist mein kleines Nellylein.“

Sein kleines Nellylein.

Selbst „riesiges Ungeheuer aus der Urzeit“ wäre vermutlich noch verniedlicht.

Die fette Boa liegt eingekringelt mit geschlossenen Augen in ihrem Terrarium auf der Fensterbank.

Ich gucke mir das andere Terrarium an. Eine behaarte hässliche Spinne.

„Das ist Ronaldo“, sagt Big Sam.

„Nee“, sage ich. „Nee, der sah anders aus.“

„Doch, das ist Ronaldo!“, knurrt Big Sam.

Ich zucke die Schultern.

„Okay.“

„Ronaldo ist eine brasilianische Wanderspinne. Aber keine Angst, der wird hier nicht auf Wanderung gehen“, sagt Big Sam und klopft liebevoll an die Glasscheibe.

„Ähm, nicht gegen das Glas bitte“, sage ich leicht nervös.

„Keine Bammel. Das Glas hält dicht. Ronaldo kann jetzt praktisch keiner Fliege etwas zuleide tun, versteht ihr? Haha. Eine Spinne ... keiner Fliege etwas zuleide ... Haha.“

Big Sam kugelt sich vor Lachen.

Dabei wird er diesen bescheuerten Witz wahrscheinlich jedes Mal einbauen, wenn er irgendwelche Leute mit seiner Spinne belästigt.

„Und was ist mit der hier?“, fragt Björn ängstlich und deutet auf das kleine süße Nellylein.

„Die sieht ziemlich massig aus“, pflichte ich bei. „Und giftig. Massig und giftig.“

„Ach, Quark mit Soße. Das macht nur die gelbe Farbe. Nelly ist nicht giftig, Boas sind Würgeschlangen.“

„Ach, na dann“, sage ich.

„Lächerlich“, sagt Björn und winkt ab.

Big Sam scheint die Ironie nicht verstanden zu haben.

„Ja, genau Jungs. Nur Ronaldo ist hier der kleine Giftzwerg. Der kleine Pelzträger gehört zu den giftigsten seiner Art. Ein einzelner Biss kann für einen von euch tödlich sein“, sagt er.

Den Stolz in der Stimme finde ich dabei eigentlich mehr als unangebracht.

„Cool“, sage ich trocken. „Wollte heute Nacht eh nicht schlafen.“

„Echt?“, fragt Big Sam. „Wieso? Kommt nachher ein guter Film?“

„Ähm, Sarkasmus?“, will ich ihm auf die Sprünge helfen.

Er runzelt die Stirn.

„Kenn ich nicht. Klingt irgendwie versaut. Kommt der auf Kabel1?“

„Also, die hellste Birne im Kronleuchter bist du ja auch nicht gerade“, bemerke ich.

„Ey, du Lurch!“, sagt Big Sam und kommt grinsend näher.

Björn lacht.

„Halt! Du musst Björn kneifen. Ich hab vorhin seinen Kniff abbekommen!“, rufe ich.

„Autsch“, ruft Björn.

„Hehe.“

LEISTUNGSKONTROLLE

Heute schreiben die Kinder der Klasse 1c ihr erstes Diktat.

Keiner ist aufgeregter als ich.

Da die anderen Klassen das gleiche Diktat schreiben, wird sich nun zeigen, ob ich meine Arbeit bisher gut gemacht habe. Die Vorzeichen auf Erfolg stehen gut.

Moritz hat seinen Abschiedskuss von Mama bekommen, Jonas fehlt mit Kopfschmerzen, Ida hält ihren Bleistift richtig herum und Arne und Lisalotta gleichen Eikis Anwesenheit wieder aus.

„So, liebe Kinder. Wir schreiben heute unser erstes Diktat. Gleich drehe ich die Tafel um und ihr seht einige Wörter in Großbuchstaben. Konzentriert euch gut und übertragt sie in eure Hefte. Wer damit fertig ist, kann noch einen Zusatzpunkt ergattern, wenn er oder sie das Wort ‚Löwe' aus dem Gedächtnis richtig schreibt. Viel Glück."

Ich klappe die Tafel um.

Ein Raunen geht durch die Klasse.

„Herr Svensson?", fragt Kathi.

Also auf Toilette war sie eigentlich schon.

„Ja?", frage ich.

„Hören Sie bitte mit dem Raunen auf?"

„Ähm, ja klar."

Die Klasse seufzt erleichtert.

Ich bekomme den Blick von meinem eigenen Tafelbild kaum los. Hoffentlich habe ich alles richtig geschrieben. ‚Banane' ..., schreibt man das auch wirklich so?

Das sieht irgendwie komisch aus.

Langsam schreite ich durch den Klassenraum. Verdammt, wie laut quietschen denn meine Chucks auf einmal?

Ich sehe, wie Ida plötzlich nachdenklich innehält. Geistesabwesend beginnt sie ihren Bleistift zu drehen.

„Neeeeeeeeeeeeeein", rufe ich in Super-Slow-Motion und hechte zu ihr hinüber.

Das ging ja noch einmal gut.

Um ein bisschen Vertrauen in die Leistung meiner Kinder und letztlich in meine Arbeit zu gewinnen, gehe ich zu Arnes Platz hinüber. Bisher hat er alles richtig gemacht. Ich atme durch.

Die Uhr tickt.

Wieso tickt die Uhr so laut?

Ich gehe nun zu jedem Kind und gucke heimlich auf dessen Mitschrift.

Außer bei Eiki.

Na ja, und auf Sarahs Blatt linse ich mit genügend Abstand.

Schließlich schreite ich wieder vor zum Lehrerpult.

„Liebe Kinder, achtet noch einmal genau darauf, dass ihr keinen Buchstaben auslasst. Wie nur mal als ganz zufällig gewähltes Beispiel bei dem Wort ‚Fisch' das ‚c'. Das ist nebenbei bemerkt das dritte Wort in der zweiten Spalte."

Finja, Paulchen, Maja und Ronja scheinen glücklicherweise den Wink mit dem Zaunpfahl verstanden zu haben. Eik hingegen beginnt sich bei dem Wort ‚Buchstaben' vor Lachen zu kugeln.

Nach einer Viertelstunde ist es dann endlich geschafft.

Ich sammele die Zettel ein.

Während ich die Arbeiten korrigiere, dürfen sich die Kinder leise unterhalten.

„Herr Svensson?", sagt Lisa.

„Ja?", frage ich.

„Sagen Sie mal ‚Klettergerüst'?"

Ich blicke verwundert auf.

„Ähm, okay. Klettergerüst."

„Sie haben eine nackte Frau geküsst!"

Die ganze Klasse lacht.

Eiki lacht wahrscheinlich immer noch über das Wort ‚Buchstaben'.

„Ha ha", erwidere ich trocken.

Für so einen niveaulosen, überaus dämlichen Kindergartenstreich habe ich gerade keinen Nerv übrig. Aufgeregt gehe ich mit dem Rotstift über die Aufzeichnungen.

Paulchen hat drei Fehler, das ist ganz gut. Genau wie auch Kathi. Arne hat alles richtig, selbst das Zusatzwort! Moritz hat drei Fehler, konnte sich mit dem Zusatzwort aber noch verbessern. Lisa hat nur ‚Rakete' falsch geschrieben. Das hat außer Arne aber niemand richtig. Maja und Ronja haben vier Fehler, Finja fünf, Jenni leider gar sieben Fehler. Das Papier ohne Namen ordne ich Sarah zu.

Zwei Fehler nur. Alle Achtung.

Malte hat vier Fehler, aber ‚Banane' natürlich richtig geschrieben. Ida hat nichts direkt falsch, jedoch fehlen ihr drei Worte. Hat sie vielleicht doch noch einmal den Bleistift verkehrt herum gehalten.

Das letzte Diktat ist von Eiki. Ein hübsches Krixel-Kraxel-Bild hat er gemalt. Und als ich gerade überlege, ob man allein aus moralischen Gründen einen Erstklässler sitzen lassen kann, staune ich nicht schlecht, denn unten, ganz klein, hat er einen kleinen Vermerk gemacht:

‚RAKETE VON EIKI'. Bei diesem schwierigen Wort hat er sich innerlich wahrscheinlich schlapp gelacht, aber immerhin hat er das einzige Wort seines Diktats und seinen Namen richtig geschrieben.

EIN NIVEAUVOLLER, ÜBERAUS HERRLICHER ERWACHSENEN-STREICH

Völlig durch den Wind verlasse ich nach dem Unterricht das Klassenzimmer.

Auf dem Flur treffe ich den Hausmeister.

„Menschenskinder“, sagt er. „Sie sehen aber ganz schön mitgenommen aus.“

„Ach“, sage ich, „Wir haben gerade unser erstes Diktat geschrieben.“

Er kommt zu mir und legt mir die Hand auf die Schulter.

„Und? Glauben Sie, dass Sie alles richtig haben?“

„Sehr witzig“, sage ich trocken.

Wimmelt denn die ganze Schule von solchen Spaßvögeln?

„Hey, Moment mal!“, sage ich. „Hatte das Bild nicht immer einen goldenen Rahmen?“

Ich deute auf das Foto, auf dem das gesamte Lehrerkollegium der Astrid-Lindgren-Grundschule dargestellt ist. Dieses Foto ist nun von schlecht geschnittenem und mit Goldfarbe besprühtem Styropor umrahmt.

„Keine Ahnung, was Sie meinen“, knurrt der Hausmeister kühl.

„Wie auch immer“, antworte ich langsam. „Sagen Sie mal ‚Klettergerüst‘?“

Der Hausmeister guckt mich schief an.

„Nö. Warum sollte ich?“

„Sagen Sie es doch einfach mal.“

„Nö, mach ich nicht.“

„Och, kommen Sie schon. Bitte.“

„Nö, mach ich nicht.“

„Ha! Weil Sie es nicht sagen können, stimmt‘s?“

„Klettergerüst“, sagt der Hausmeister genervt.

„Sie haben eine nackte Frau geküsst“, rufe ich und renne schreiend vor Lachen durch das Schulgebäude.

DIE ZEICHEN DES UNGLÜCKS

Als ich zu Hause ankomme, ist der schöne Tag plötzlich vorbei.

Gut, so unerwartet trifft mich das nun auch nicht.

Es gab bereits gewisse Anzeichen, dass heute noch irgendetwas passieren würde.

Es passiert ja ständig etwas, wenn man jemanden wie Big Sam beherbergt und mit jemandem wie Björn zusammenwohnt.

Im Nachhinein ärgere ich mich natürlich, dass ich auf dem Rückweg von der Schule unter der aufgestellten Leiter hindurchgelaufen bin.

Auch, dass ich nicht zurückgegangen war, als ich stolperte, weil ich der schwarzen Katze ausweichen musste, die plötzlich links aus der Hecke sprang.

Wenn man stolpert, müsse man zurückgehen und noch einmal richtig laufen, sagte meine Oma immer. Aber man dürfe nicht direkt zurückgehen, sondern in der Form eines Kreises, sonst würde man ein Leben lang nur auf der Stelle treten.

Vielleicht wäre ich dann auch nicht auf den Spiegel getreten, den ein kleines Mädchen hatte fallen lassen. Aber wie gesagt, das größte Risiko für ein Unglück bringen die bereits erwähnten Mitbewohner.

Ein zerfledderter Zettel hängt an unserer Haustür. In unleserlicher Schrift steht dort geschrieben:

‚Sind bei Vänni, geh auf keinen Fall rein! Gruß Björn.‘

Ich klingele bei Vänni.

„Hallo“, sagt sie.

„Hallo“, sage ich.

Ich schreibe das nur der Vollständigkeit halber mit.

Dann winkt sie mich in die Wohnung.

Ich muss schon sagen – Vänni hat einen sehr beeindruckenden Wohnstil.

Ihre Tapeten sind mit bunten Blumen übermalt und sie riechen tatsächlich auch ein bisschen nach sommerlicher Blumenwiese. Ein kleiner Dumbo hängt an einer Sprungfeder von der Decke herunter. Ein Porzellanflamingo zwitschert mich an, als ich an ihm vorbeilaufe.

„Ähm. Du weißt schon, dass Teppiche auf den Boden und nicht an die Decke gehören?“, frage ich Vänni.

„Steht das irgendwo geschrieben?“, kontert sie.

„Ich bin mir nicht sicher“, sage ich ehrlich.

Dann entdecke ich Björn und Big Sam. Sie sitzen auf einer großen Couch, die mit selbst gebastelten Schneeflocken geschmückt ist. Björn und sogar Big Sam sehen blass aus.

Bevor ich mich den beiden zuwende, muss ich Vänni noch etwas fragen.

„Hattest du nicht gesagt, du hättest eine Dreiraumwohnung?“

„Ja“, sagt sie. „Ein Wohnzimmer und zwei Schlafräume. Wie ihr auch.“

„Moment mal“, sage ich. „Wir haben sieben Räume. Flur, Küche, Bad, Wohnzimmer, Balkon und zwei Schlafzimmer.“

„Vergiss das Zelt nicht“, sagt Björn.

„Richtig, acht Zimmer“, korrigiere ich mich.

„Nein, nein. Die zählen alle nicht als Räume. Ihr habt nur drei echte Zimmer.“

„Na klar“, sagen Björn und ich und wechseln Blicke.

So eine Verrückte.

„Gut, nur mal so am Rande“, sage ich zu Björn und Big Sam. „Sollte ich für die Story, die ihr mir gleich verklickert, ein neues Kapitel anfangen?“

Big Sam und Björn gucken sich kurz an.

„Auf jeden Fall!“

„Okay“, seufze ich. „Dann gehe ich vorher noch mal für kleine Königstiger.“

„Nach Afrika?“, fragt Big Sam verwundert.

„Nein, aufs Klo!“, antworte ich gereizt.

„Ach, du gehst aufs Klo!“, wiederholt Björn, der Papagei.

„Ja! Soll ich dir was mitbringen?“

TIERISCHE PANIK

„Okay. Ich bin nun auf alles vorbereitet. Schießt schon los.“

Björn schluckt.

„Also, angefangen hatte es ja mit Big Sams Blähungen.“

„Nein, nein. Angefangen hatte es mit den Wildbohnen“, wirft Big Sam ein.

„Ach ja, richtig. Die Blähungen waren ja das Resultat der Wildbohnen“, erinnert sich Björn.

„Und das roch so übel, dass wir jetzt nicht mehr in die Wohnung können?“, frage ich.

„Fast“, sagt Björn zerknirscht. „Es roch so übel, dass wir dann die Fenster aufmachen mussten. Und auf dem Fensterbrett standen ja die Terrarien mit Sams Haustieren.“

„Nein!“, rufe ich entsetzt. „Du hast nicht wirklich vergessen, die Dinger herunterzustellen, oder?“

Björn kratzt sich am Nacken.

„Na ja, ich hab wegen Big Sam kaum Luft bekommen. Ich mein, guck ihn dir an.“

Zugegeben, Big Sams Flatulenzen müssen echt heftig sein.

„Und dann?“, frage ich, obwohl ich es mir bereits denken kann.

„Nun sind die Terrarien kaputt und Nellylein und Ronaldo erkunden eure WG“, bestätigt Big Sam meine schlimmsten Befürchtungen.

„Ronaldo ist in eurer Wohnung?“, fragt Vänni. „Der Portugiese oder der Brasilianer?“

„Der Brasilianer“, sagt Big Sam.

„Die brasilianische Mörderspinne“, korrigiere ich.

„Cool“, sagt Björn. „Vänni kennt sich mit Fußball aus.“

„Cool“, sage ich. „Ich breche dir gleich die Beine, du Idiot.“

„Dabei weiß er noch gar nicht das Beste“, meint Big Sam grinsend.

„Will ich vielleicht auch gar nicht wissen“, sage ich sofort.

Björn nickt, fährt dann aber fort:

„Ja, also, jedenfalls habe ich mich übergeben. Und jetzt ist der ganze Teppich voll."

Ich überlege, ob ich vielleicht auch die Teppiche an der Decke befestigen sollte.

„Warum hast du nicht in den Mülleimer oder besser noch ins Klo gebrochen?", frage ich.

Björn zuckt die Schultern.

„Wollte ich ja, aber da war keine Tüte mehr drin.Hey, aua! Warum boxt du mich, Ole?", ruft Björn und hält sich die Nase.

Kleine Blutstropfen kullern auf den Boden.

Vänni zeigt auf die kleine dunkelrote Pfütze.

„Und genau aus diesem Grund sind meine schönen Teppiche an der Decke."

Die Stunden vergehen, während die Tieraufsichtsbehörde versucht, Ronaldo und Nellylein einzufangen. Schließlich klingelt es an Vännis Tür.

„Kommen Sie bitte einmal mit", sagt ein Mann, völlig verdreckt und verstaubt.

Zu meiner Verteidigung sei gesagt, dass Björn diese Woche mit Staubsaugen an der Reihe gewesen wäre.

Wir folgen dem Mann in unser Badezimmer, wo ein giftgelbes bewegungsloses Bündel liegt. Daneben eine achtbeinige, tote Mörderspinne, die Ronaldo hieß.

„Oh nein. Was ist passiert?", schreit Big Sam entsetzt.

Der Mann zuckt mit den Schultern.

„Ihre Boa war wohl auf Beutefang und hat die Spinne geschnappt. Während des Schluckens muss sich die Spinne noch einmal mit aller Aggressivität gewehrt haben. Die Schlange starb an der Giftdosis und die tote Spinne haben wir gerade aus dem Maul der Boa geholt."

DER AUSHILFSPFLEGER

Ich stehe vor dem Pumakäfig.

„Interessant", denke ich. Hier riecht es wie im Klassenraum in der ersten Reihe.

Warum ich hier stehe?

Nun, Big Sam war über den Verlust von Ronaldo und Nellylein in so tiefer Trauer, dass er einfach nicht zur Arbeit gehen konnte. Als dann auch noch der Zoo anrief und mitteilte, dass Big Sam keinen weiteren Tag fehlen dürfe, da man ihm sonst kündigen müsse, brachen alle Dämme. Also bei mir. Dabei kann der arme beinverletzte Sam seiner Arbeit doch gar nicht ohne fremde Hilfe nachgehen.

Und so erklärte ich mich kurzerhand bereit, dem verletzten Big Sam einen Tag im Zoo zu helfen.

Und das an meinem einzigen verlängerten Wochenende für dieses Jahr.

Prima.

Und natürlich – wie soll es anders sein – arbeitet Big Sam nicht etwa im Streichelgehege mit den zuckersüßen Ziegen, gleich am Eingang neben dem Spielplatz, sondern im neu eröffneten Dschungelhaus.

Nachdem ich beim Säubern der Raubtiergehege und des Gorillastalls geholfen hatte, wirft Sam nun tote Nagetiere in den Pumakäfig.

Auch bei der Raubkatze hat Big Sam mangelndes Talent für passende Tiernamen bewiesen. Mir jedenfalls tut Bello schon irgendwie leid.

Zum Glück durfte Big Sam bisher keinem weiteren Tier einen Namen geben, was ihn nach wie vor stark wundert.

„Und der hier heißt Ingo", sagt Big Sam abfällig, als wir an dem Faultiergehege vorbeikommen.

„Geht doch. Noch passender wäre vielleicht Björn gewesen. Zottelig, lange Fingernägel, bewegungsresistent. Fehlt nur noch das grüne Converse-T-Shirt."

Big Sam lacht.

„War's das jetzt?", frage ich hoffnungsvoll.

Big Sam schüttelt den Kopf.

„Wir müssen noch Alma, der Krokodildame, die Zähnchen putzen und das Wasser von Otto, dem Nilpferd, reinigen."

Zähnchen. Er sagte Zähnchen.

Sechzig spitze, blutrünstige Hauer entblößt die gute Alma, als wir vor ihr stehen. Mit einer Elmex-Zahnputzuhr kommt man hier jedenfalls nicht sehr weit.

Doch ich behalte meinen Groll für mich und nach getaner Arbeit geht es dann zu Otto.

„Was soll ich jetzt machen?", frage ich völlig erschöpft.

Wer schon mal einem Krokodil gegenüberstand und ihm die Zähne geputzt sowie den Schuppenpanzer geschrubbt hat, der fürchtet sich vor gar nichts mehr. Außer vielleicht vor einem Nilpferd wie Otto.

„Otto ist auf die Schläuche von der Pumpe getreten. Das musst du nur einmal schnell reparieren, damit das Wasser sauber bleibt. Einfach das Verbindungsteil wieder anschrauben. Ich kann das echt nicht mit meinem Bein."

„Und Otto?", frage ich skeptisch.

„Keine Angst", sagt Big Sam, „Der steht jetzt in der Schleuse."

Ich mache mich also an die Arbeit, während Big Sam mir vor dem Gehege Anweisungen gibt. Endlich etwas, das mal weder gefährlich noch anstrengend ist. Nach einem kurzen Handumdrehen sind die Schläuche wieder verbunden. Plötzlich kommt ein Tierwärter vorbei und ich verstecke mich hinter einem großen, nassen Felsen.

„Ah, Big Sam. Wie geht's?", fragt er.

„Alles prima", antwortet Big Sam. „Habe sogar Alma heute einmal die Zähne geputzt!"

„Nein, wirklich?", fragt der Tierwächter. „Das müssen Sie doch gar nicht."

Big Sam zuckt verlegen die Schultern.

Ich falle fast vom Glauben ab, als ich das höre. Da weiß ich ja schon, wessen Kauleiste ich demnächst dann noch polieren werde.

„Und wie ich sehe, haben Sie das mit den Schläuchen auch schon erledigt."

Big Sam nickt zögerlich.

„Aber Sie haben vergessen, die Schleuse zu öffnen", tadelt der Mann und betätigt einen Knopf, woraufhin sich die Schleusentür öffnet, die Otto und mich voneinander trennte.

Sams Kollege zieht pfeifend weiter.

Kreischend klettere ich über den Zaun des Geheges und renne aus dem Dschungelhaus. Ich rempele dabei einen kleinen Jungen an, der mich trotz aller Hektik doch stark an Jonas erinnert.

Ärger mit Mutti

„Und was ist mit dieser gefährlichen Verrückten, die nebenan wohnt?", höre ich Mutti am anderen Hörer.

Ich höre Omi im Hintergrund heftig zustimmen.

„Oh, Mann", seufze ich. „Davon hätte ich dir nie erzählen dürfen. Sie ist nicht gefährlich und weit weniger verrückt als Björn oder der blöde Talkshowmaster mit dem blöden Namen, den du so anhimmelst."

„Halte bitte Johnny Supertalk da raus. Der hat damit nichts zu tun."

„Na schön", seufze ich. „Hast du eigentlich meine Probekapitel bekommen?"

„Ja", sagt sie knapp.

Ein deutliches Zeichen nicht weiter nachzufragen.

„Und?", frage ich nach.

„Also, wenn du meine ehrliche Meinung hören willst: Irgendwoher kenne ich diese ganzen Sprüche und Witze schon. Das mit der Kühlschranktür zum Beispiel. Oder der Spruch mit dem Oberförster. Den hat mir Opi früher schon erzählt."

„Kann ich ja nichts dafür", sage ich. „Das fällt mir einfach so ein und ich erlebe es halt nun einmal so. Nur weil mir gewisse Dinge einfallen oder passieren, die anderswo auch schriftlich festgehalten werden, soll ich sie jetzt weglassen oder ändern? Und die Sprüche, die nicht von mir sind, gebe ich ja auch nicht als mein geistiges Eigentum an. Und überhaupt. Lass das doch jetzt einmal weg, bitte. Ist es sonst gut? So vom Aufbau her?"

„Ja, sonst ist es ganz okay. Ein Denkfehler ist mir aufgefallen. Wie können Peter Kloeppel und Frau Merkel die Klassiker beim Personenraten sein, wenn du doch angeblich in Skandinavien bist?"

„Ach, Mama. Halt dich doch nicht an solchen Kleinigkeiten auf. Lilleholm ist halt eine dänische Stadt an der deutschen Grenze. Sag mal lieber was zum Sprachlichen, wie kommt das rüber?"

„Für einen Grundschullehrer ist es ganz okay. Du hast sogar ‚Banane' richtig geschrieben. Aber pass mir ja auf, dass du hier nicht Plagiat begehst. So wie damals bei deinem Fantasy-Buch, um den kleinwüchsigen Jungen. Wie hieß der noch?" „Fridolin Bultin", sage ich leise.

„Ja genau. Da klang auch alles wie aus ‚Herr der Ringe'."

„Na ja, so ganz stimmt das ja auch nicht."

„Dann sitzt du schneller im Knast, als dir lieb ist und außerdem sollte man solche grandiosen Bücher und Filme nicht durch den Kakao ziehen. Unter Autoren muss man sich verstehen. Meld dich doch mal bei diesem Bielendorfer, der weiß doch, wie das läuft! So, Omi will dir auch noch einmal was dazu sagen."

Mama überreicht Omi das Telefon.

„Hallo?", fragt Omi.

„Hallo Omi", sage ich müde.

„Bekommst du auch genug zu essen, mein Junge?", fragt Omi.

„So, das reicht", sagt Mama gereizt und krallt sich wieder den Hörer.

„Mir fällt gerade ein, dass dein neues Buch wie das mit diesem Känguru klingt. Da war auch so eine WG mit so einem faulen Typen."

„Aber bei mir gibt es nun mal kein Känguru und auch keine Schnapspralinen! Und du kannst gerne einmal die ganzen Studi-Wohnungen von heute abklappern, da findest du nur faule Leute wie Björn. So ist das halt. Da muss ich doch auch nah an der Realität bleiben!"

„Sprich so nicht mit deiner Mutter!"

„Jaaaaaa", sage ich gedehnt. „Tut mir leid. Aber ich habe halt Recht."

„So, das reicht mir jetzt. In Zukunft wirst du deine Wäsche allein waschen! Dein grünes Converse-Shirt liegt hier übrigens immer noch", sagt sie und legt auf.

MÄNNER IM WASCHSALON

Ich habe es tatsächlich zwei ganze Wochen lang geschafft, meine Klamotten nicht zu waschen. Doch bald schon habe ich mein Date mit Carolina, der wunderschönen Mutter von Kathi. Notgedrungen mache ich mich also auf den Weg zum Waschsalon.

Björn begleitet mich. Offiziell aus Solidarität und inoffiziell, um die wohl vorrangig weiblich anzutreffende Gesellschaft zu begutachten und, um einmal aus den Peinlichkeiten zu lernen, die mir gleich passieren werden.

Björn besitzt selbst kaum Wäsche. Zwei grüne Converse-T-Shirts, ein weißes T-Shirt mit dem selbst ausgedachten Spruch ‚Zuhause habe ich zwei grüne Converse-T-Shirts', eine kurze Hose für den Sommer, eine kurze Hose für den Winter und bisschen Unterwäsche aus der Altkleidersammlung. Ich glaube, selbst Dobby, der Hauself, besitzt mehr Modebewusstsein, aber sei's drum.

„Übrigens", sagt Björn auf dem Weg. „Weißt du noch unser Spiel letztens, wo wir in Filmtiteln das Wort Penis eingesetzt haben, um daraus lustige Pornofilme zu machen? Hab noch ein paar."

Björn holt einen Notizblock aus seiner Hose und liest laut vor: „Edward mit dem Scherenpenis. Penis und Vorurteil. Penis braucht keine

Ferien. Der Penis der anderen. Ziemlich beste Penisse. Club der toten Penisse. Honig im Penis. Der Penis der Löwen. Per Penis durch die Galaxis. Charly und der Schokoladenpenis. Und am besten ist die Harry-Potter-Reihe: Harry und der Penis der Weisen. Harry und der Penis des Schreckens. Harry und der Penis von Askaban. Harry und der Feuerpenis. Harry und der Penis des Phoenix. Harry und der Penis des Todes. Und mein Favorit: Harry und der Halbblutpenis."

Ich nicke anerkennend.

„Nicht schlecht!", sage ich lächelnd. „Aber bevor du dir weiter das Hirn über neue Filmnamen zermarterst, lass es lieber. Durch solche vulgären Ausschweifungen wird die Zielgruppe meines Buches stark eingeschränkt. Die Leute erzählen ihren Freunden dann vielleicht, wie lustig dieses Buch ist, aber sie sollen es dem kleinen Fred lieber doch nicht zum neunten Geburtstag schenken, weil die ab Kapitel 28 nur noch über Genitalien witzeln."

Björn nickt.

„Obwohl du ja weißt, dass diese Aufklärerin da mit ihrem Buch ‚Schoßgebiete' groß herausgekommen ist. Und ‚Feuchtgebete'. Waren doch Platz eins in den Bestsellerlisten, oder?", meint er.

„Ja, aber auch mal der kleine Fußballer, der in seiner Biografie über Kollegen herzieht, weißte?"

„Mehmet Scholl?"

„Nee", sage ich. „Der andere. Der Verteidiger bei Bayern. Der spielte als Sechser oder rechts hinten in der Viererkette. Konnte auch links spielen."

„Öhm", sagt Björn. „Thomas Linke?"

„Alter", sage ich. „Wann hast du das letzte Mal Fußball geguckt? Die spielen doch alle seit 15 Jahren nicht mehr!"

Björn zuckt mit den Schultern.

Wir betreten den kleinen Waschsalon. Nicht eine einzige Dame scheint hier ihre Wäsche zu waschen.

„Stimmt", erkläre ich. „Die, die es regelmäßig machen, haben so ein Ding ja zu Hause."

Fünf Waschmaschinen stehen da: Zwei Maschinen laufen, bei zwei weiteren versuchen verzweifelte Männer erfolglos, ihr jeweiliges Gerät anzuschalten.

Ich spüre einmal mehr, dass wir in Sachen Emanzipation noch immer Jahrzehnte zurückliegen.

„Komm", sage ich mutig und gehe zu dem freien Waschautomaten.

Über der Maschine steht eine Gebrauchsanweisung.

Ein Mann kommt zu uns herüber.

„Entschuldigung", sagt er. „Das ist mir sehr unangenehm. Haben Sie vielleicht ein wenig Münzgeld? Die nehmen keine Scheine hier."

Ich nicke.

„Ja, klar. Wenn Sie mir dafür Spülmittel geben könnten. Habe gerade gelesen, dass man das hier auch noch braucht. Verrückt."

Der Mann zieht eine Augenbraue hoch, tut uns dann aber den Gefallen.

„Aha", sage ich. „Drück mal auf den Türöffner."

Björn drückt und die Tür geht auf.

Wir raunen erstaunt.

„Ich glaube, da kommt jetzt die Wäsche hinein. Das habe ich schon mal in einem Film gesehen."

Wir schauen zur Bestätigung bei den schon laufenden Maschinen nach.

„Gut. Jetzt öffne mal das Fach da oben. Da kommt das Waschmittel hinein."

„Oh je", sagt Björn. „Das wird dir nicht gefallen. Da gibt es mehrere kleine Fächer."

„Scheiße", sage ich. „Komm, wir rufen Vänni an."

„Hier gibt's keinen Empfang", sagt der andere Mann. „Habe ich schon ausprobiert."

„Na komm", sage ich. „Dann entscheide dich jetzt einfach für eins, Björn."

„Nee", sagt Björn. „Lieber überall ein wenig reingießen."

„Gut. So, dann jetzt. Ähm, 60 Grad Kochwäsche, oder?"

„Ich dachte, Kochwäsche ist nur für Köche“, murmelt Björn.

Ich zucke die Achseln.

„Was soll‘s. Kein Bock mehr. Geld ist drin. Los geht’s. Drück Start.“

Während wir mit einem Lappen den Boden trocknen müssen, weil wir zwischendurch die Tür öffneten, um zu gucken, wie es aussieht, brummelt die Waschmaschine nun wieder vor sich hin. Alles in allem läuft es gar nicht so schlecht. Nur den weißen Pullover hätte ich lieber nicht mit der dunklen Wäsche mixen sollen, wie ich dann feststelle.

„Weiß beginnt, schwarz gewinnt!“, scherzt Björn.

„Stimmt“, sage ich. „Aber beim Schach verlierst du auch, wenn ich Weiß und du Schwarz nimmst. Und ich ohne Türme spiele!“

„Touché“, grummelt Björn.

Kurz bevor wir gehen wollen, holt der andere Mann seine Sachen heraus. Sie sind keinen Deut sauberer geworden.

„Aua, sind die heiß“, klagt er.

„Vielleicht mit dem Trockner verwechselt?“, frage ich.

„Quatsch, habe ich natürlich nicht! Oder? Verdammt!“

„Hehe“, lache ich. „Anfänger.“

EINE UNERWARTETE REISE

Wir sitzen zu dritt im Auto.

Ich am Steuer, Björn auf dem Beifahrersitz, hinten Vänni.

Oder Cleo. Wie man es nimmt.

Im Kofferraum sind die Badesachen verstaut. Und es sind, nebenbei bemerkt, noch zehn Tage bis Weihnachten.

Verwirrt? Na gut, alles der Reihe nach.

Die Schulzeit für dieses Kalenderjahr ist nun vorbei. Ich muss mir eingestehen, dass ich die kleinen Racker schon sehr vermisse. Wieso vermisst man nie jemanden, wenn die entsprechende Person da ist?

Mit Kathis Mama kam es übrigens vor den Ferien noch zum erhofften Treffen. Wir haben tatsächlich ein bisschen geknutscht und deshalb steht auch sie nun auf meiner Vermisstenliste.

Doch mir blieb vor ein paar Tagen nichts anderes übrig, als dem Vorschlag der Professoren von Vännis psychiatrischer Klinik zuzustimmen. Vänni hatte nämlich einen Rückfall. Sie ist einem ihrer Alter Egos verfallen und schimpft sich nun Cleo, die Piratenbraut der Karibik. Die Professoren führen das auf vorweihnachtlichen Stress und das unbefriedigte Bedürfnis ihrer Patientin nach Sommer, Sonne und Strand zurück.

Daher haben sie mich gebeten, einen Ausflug in den weiten Süden zu unternehmen, um Cleos beziehungsweise Vännis Zustand zu stabilisieren. Natürlich würde die Klinik für sämtliche Reisekosten aufkommen. Selbst an der Reparatur meines Volvos haben sie sich beteiligt.

Björn habe ich eigentlich nur mitgenommen, um Carolina nicht den Eindruck zu vermitteln, dass ich direkt nach unserer aufblühenden Romanze mit einer Piratenbraut durchbrennen würde.

„Denk daran, wenn du schon vorne sitzen darfst, musst du auch auf die Karten und Hinweise achten", erkläre ich Björn in eindringlichem Ton.

„Klaro", sagt Björn. „Aber ich wollte mich eigentlich jetzt für ein paar Stunden auf die Ohren hauen."

„Pass lieber auf, dass ich dir mal nicht auf die Ohren haue. Das kann ich nämlich auch gerne ein paar Stunden tun", drohe ich ihm.

„Wir haben doch Navi", beschwert sich Björn.

„Ja, von deinem Opa. Und ohne mögliche Aktualisierungen. Das ist schon so alt, das Ding, da steht wahrscheinlich noch, dass der Weg nach Weimar wegen einer Mauer durch ganz Deutschland gesperrt ist."

Versteht Björn nicht.

„Müssen wir nach Weimar?"

Ich schüttele den Kopf.

„Nee. Schön wäre es. Die Leute haben uns eine Ferienwohnung reserviert in der Nähe von Murcia. Wir fahren jetzt über zweieinhalbtausend Kilometer in den Süden. Damit wir auch wirklich gutes Badewetter haben. Also reiß dich bitte zusammen, damit sich die Strecke nicht noch länger anfühlt."

Björn nickt.

Ich drehe das Radio auf, doch als ‚Last Christmas' ertönt, schalte ich es schnell wieder aus. Das Lied ist nicht nur völlig nervig, sondern aufgrund unseres anstehenden Badeurlaubs auch noch völlig unpassend.

„Ist bei dir hinten alles klar, Cleo?", frage ich Vänni.

„Aye, Aye, Käpt'n", brüllt sie mir mit unerwarteter Schärfe in den Nacken, sodass ich fast das Steuer umreiße.

„Hihi. Das erinnert mich an das Eingangslied von Spongebob", gluckst Björn.

„Und das wiederum erinnert mich an deinen IQ", gebe ich zurück.

„Schönes Schiff hast du da", spuckt Cleo von hinten.

„Danke", sage ich zufrieden. „Übrigens ist der Volvo eine schwedische Marke."

Björn stöhnt genervt. Dann schreit er plötzlich auf.

„Da! Ein McDonalds!"

„Bist du eigentlich auch so begeistert, wenn du durch den Park spazierst und eine Taube entdeckst?"

„Nimmst du bitte die nächste Ausfahrt?", bettelt er nun.

„Hä? Wir sind doch gerade erst auf die Autobahn gefahren!"

„Also nicht?", fragt Björn zögerlich.

„Gut erkannt, du Rätselfuchs."

Enttäuscht drückt Björn sein Gesicht gegen die Scheibe. So doll, als könne er damit meinen Wagen nach rechts zur nächsten Ausfahrt lenken. Und wir sind erst zehn Minuten im Auto. Zehn Minuten. Von vierundzwanzig Stunden.

ZWISCHENSTOPP IN FRANKREICH

Wir haben unseren ersten Zielort in Straßburg erreicht und checken in einem Hostel ein. Wir haben alle unterschiedliche Zimmer bekommen und so schließe ich bereits voller Vorfreude und einer ordentlichen Packung Müdigkeit die Tür zu meinem privaten Schlafraum auf.

Plötzlich glotzen mich etwa zwölf verschiedene Gesichter aus ihren Doppelstockbetten an. Manche blinzeln müde, manche gaffen neugierig, manche versuchen mich mit ihren Blicken zu töten.

Ich versuche mir den Schreck nicht anmerken zu lassen und steuere so ungerührt wie möglich auf eines der wenigen freien Betten in Fensternähe zu. Dabei übersehe ich zunächst, dass sich direkt neben diesem Bett auch die Heizung befindet, auf der einer der hiesigen Zimmergenossen seine nassen, stinkenden Socken zum Trocknen aufgehängt hat.

Da ich keine Lust auf weiteren Stress habe, drehe ich weder die Heizung ab noch schiebe ich die muffigen Socken von mir weg. Bullenhitze und Schweißgeruch hießen also meine Erinnerungen an Straßburg.

Am nächsten Morgen treffe ich mich mit Björn im Flur.

Zu meinem Ärgernis scheint Björn gut geschlafen zu haben. Aber er macht das ja schließlich auch hauptberuflich.

Wir klopfen bei Cleo alias Vänni, die tatsächlich ein Einzelzimmer bekommen hatte.

Dann holen wir den Anker ein, den Cleo aus ihrem Bettlaken geknotet hatte und aus dem Autofenster herabhängen ließ, und führen unseren Abenteuertrip weiter.

Wenn ich je über Kathis schwache Blase geklagt habe, dann habe ich dem armen Mädchen Unrecht getan. Kaum ein paar Kilometer gefahren, wimmert Björn schon auf dem Beifahrersitz.

Poseidon würde vor Neid erblassen, wenn er sehen würde, wie viel

Wasser Björn in seinem Körper mit sich trägt. Über ein Dutzend Mal müssen wir seinetwegen zur nächsten Raststätte fahren.

„Land in Sicht", brüllt Cleo dann immer mit ihrer verstellten tiefen Stimme.

Ich bin durchaus sehr fasziniert von Vännis neuer Persönlichkeit. Es bedarf schon einer Menge Einfallsreichtum, Leidenschaft und Fantasie, um eine Piratenbraut so perfekt zu imitieren. Und es ist beneidenswert, diese langweilige Autobahnfahrt als tosendes Wildwasserrafting erleben zu können. Mir stellt sich allmählich die Frage, warum man Vänni ihrer Fantasie berauben sollte.

Bei Björn wäre das viel notwendiger.

Ich erinnere mich noch genau, wie er vor Reiseantritt in Badehose vor unserem Spiegel stand und lautstark sein Gegenüber ansang: „I don't know what it is. That makes me feel like this. I don't know who you are. But you must be some kind of superstar."

Unwillkürlich musste ich an den magischen Spiegel Nerhegeb aus ‚Harry Potter' denken, der den Leuten genau das zeigt, was sie sich am innigsten wünschen.

Ich frage mich, was dieser Spiegel mir wohl gezeigt hätte. Wahrscheinlich wäre Carolina dabei. Und mein veröffentlichtes Buch, irgendwo in der Bestsellerliste.

Wenn der Spiegel natürlich wirklich nur den unmittelbar gegenwärtigen Wunschtraum zeigen würde, dann hätte ich mich in ihm wohl mit einer spuckfesten Nackenkrause und einem Blasenkatheter für Björn gesehen.

CLEO IM WINTERMEERCHEN

Wir sind endlich angekommen.

„Boah. Warum noch mal haben wir das Flugangebot ausgeschlagen?“, frage ich, mindestens um zehn Jahre gealtert.

„Weil du gesagt hast, dass die Flughöhe deutlich über zwanzig Metern liegen würde“, erinnert mich Björn.

„Richtig.“

„Na ja, sieh es doch mal so. Wenn wir geflogen wären, hätten wir nie die Autobahnschilder mit der lustigen Stadt gelesen. Peniscola. Höhö.“

„Als ich fünfzehn war, habe ich über so etwas auch gelacht“, sage ich trocken.

„Arrrrr“, schreit Cleo, während sie aussteigt. „Werft den Anker aus. Hier wollen wir bleiben und uns unter die Landratten mischen.“

„Ähm, okay. Ich schlage vor, wir packen unsere Sachen schnell aus und dann gehen wir gleich an den Strand, oder?“, frage ich Björn und deute verstohlen auf Cleo.

„Gute Idee“, sagt Björn. „Aber ich geh erst einmal schlafen.“

„Du hast doch schon fast die ganze Autofahrt lang geschlafen!“

Björn guckt mich ernst an.

„Stelle dich niemals zwischen einen Mann und seine Religion.“

Ich verdrehe die Augen.

Kurz darauf bin ich mit Cleo am Meer.

Die Abendsonne glitzert auf ihrer weißen Haut. Der Körper einer Tänzerin, die Miene wie Captain Hook.

„Na los“, sage ich ermutigend. „Erobern wir die wilde See.“

Cleo stürmt ins Wasser.

Ich folge mit einigem Sicherheitsabstand.

„Verflucht“, fluche ich.

Ich dachte immer, das Mittelmeer sei warm.

Nach einiger Zeit stehe ich dann bis zu den Knien im Wasser. Bei besonders hohen Wellen wird sogar meine Badehose nass.

Cleo ist nun bereits zum dritten Mal drin.

Neben mir steht ein kleiner Junge mit Schwimmflügeln.

Ich gehe noch einen Schritt.

Es ist ein kleiner Schritt für einen Menschen, aber ein großer Sprung für meine Herzrhythmusaktivität.

Ich verziehe das Gesicht.

Der kleine Junge lacht.

„Was gibt es da zu lachen?", frage ich genervt.

Der kleine Junge hat meine Sprache zwar nicht verstanden, den Tonfall jedoch sehr wohl. Sein Gesicht wird zu einem einzigen, hämischen Grinsen. Und dann kommt, was kommen musste: Die Wassermühle-Attacke.

„Nein", kreische ich und versuche zu entfliehen. „Ich mach schon alleine."

Gerade, als ich feststelle, dass der kleine Junge durch seine Spritzattacke meiner langen Quälerei endlich ein Ende gesetzt hatte, kommt mir unerwartet Cleo, die Piratenbraut, zu Hilfe und drückt den kleinen Spanier gut eine halbe Minute lang unter Wasser. Mich überkommt die plötzliche Idee, dass es an einem anderen Strand vielleicht auch ganz nett ist und so warten wir auch nicht länger auf den zwei Meter großen und ebenso breiten Vater des Jungen. Wir rennen eine Weile und setzen uns dann ein paar hundert Meter entfernt wieder in den Sand, lauschen dabei den Wellen und den Möwen um uns herum.

„Übrigens, danke", sagt Cleo.

„Wofür?", frage ich verwundert.

„Dafür, dass du extra für mich hierher gefahren bist", sagt sie lächelnd.

Ihre Gesichtszüge sind wieder ganz sanft.

„Dann bist du also wieder Vänni?", frage ich.

Sie nickt. Dann legt sie ihren Kopf auf meinen Schoß und wir schauen zusammen über das weite Meer.

DIE WAHRHEIT ÜBER DEN WEIHNACHTSMANN

Es ist 15 Uhr am nächsten Tag.

Vänni und ich sind schon seit früh morgens auf den Beinen.

Zunächst waren wir wieder am Strand, damit Vänni ihre verschriebenen Strandzeiten einhält.

Auf dem Rückweg machten wir noch ein paar Besorgungen im Supermarkt. Uns wurde klar, dass man in Spanien keinen Wert auf Schokoweihnachtsmänner legt, anders als in Mittel- und Nordeuropa. Ich weiß übrigens aus sicherer Quelle, dass einige Schokoweihnachtsmänner nichts anderes sind als eingeschmolzene Schokoeier vom vorjährigen Osternfest. Andersherum funktioniert das natürlich genauso.

Was passiert eigentlich, wenn ein übrig gebliebenes Schokoei später als Weihnachtsmann auch nicht verkauft wird? Dann wieder als Ei geformt wird, in der Annahme, es sei ja erst zu Weihnachten gemacht worden?

Es könnte also sein, dass einzelne Schokodinger immer wieder zu dem letzten ungeliebten Rest gehören – wie ich damals beim Völkerball.

Rein theoretisch könnte Björn also deswegen so wirr im Kopf sein, weil er in seinem Adventstürchen mal einen 35 Jahre alten Schokoweihnachtsmann hatte.

In Spanien jedenfalls setzt die Naschindustrie auf die einheimische Spezialität Turron – ein weißes Konfekt aus Mandeln, Honig und Eiern.

Dazu haben wir guten Wein eingekauft sowie Kastanien, Äpfel und irgendetwas, das auch annähernd weihnachtlich aussah.

Im Domizil angekommen, erwischen wir Björn gerade beim Frühstücken. Wie gesagt, es ist 15 Uhr.

„Na?“, fragt er mit vollem Mund. „Konntet ihr auch nicht mehr schlafen?“

Auf dem Tisch liegt neben dem Glas Orangensaft eine leere Schokoladenverpackung.

„Hast du etwa einen Schokoweihnachtsmann gegessen?“, frage ich.

Björn prustet.

„Ich bin doch nicht blöd. Die Weihnachtsmänner sind ursprünglich meist Reste von Osterschokolade, weiß doch jeder“, sagt er und beugt sich verschwörerisch nach vorne: „Ich habe stattdessen ein Schokoei von Ostern behalten, dem man schon ansah, dass es eigentlich Weihnachtsschokolade gewesen ist.“

BESCHERUNG IN LILLEHOLM

Es ist Heiligabend.

Björn hat ein Geschenk von mir bekommen. Er fummelt nun schon eine ganze Weile daran rum. Statt einfach die Schleife zu öffnen, zieht Björn den Strick nur umso fester zu, der um das Geschenkpapier gewickelt ist.

Weil er sogar zu faul war, sich in Spanien die Sonnencreme gleichmäßig zu verteilen, leuchtet er nun greller als unser aus Finnland eingeflogene Tannenbaum.

Mit den gut eingecremten weißen Stellen am Körper und den gar nicht eingecremten roten Stellen am Körper bereitet Streifenhörnchen Björn mir jedes Mal schrecklichen Appetit auf Pommes mit Mayo und Ketchup aka Pommes Schranke.

„Woah“, macht Björn, der endlich das Geschenk öffnen konnte. „Cool, Alter!“

„Ach weißt du, was das ist?“, frage ich.

Björn starrt noch einmal auf das Geschenk.

„Nicht die Bohne."

Ich seufze gequält.

„Du weißt doch, dass mein Kumpel Computerspiele herstellt, oder?"

Björn glotzt mich blöd an.

„Und ich habe mit ihm zusammen ein Spiel entwickelt, nur für dich!"

„‚Die Phlegma-Invasion'", liest Björn den Titel vor.

„Das bedeutet ..."

„Ich weiß schon, was das bedeutet", fährt Björn trotzig dazwischen.

Ein paar spitze Bemerkungen fallen mir dazu ein, doch heute ist Heiligabend.

„Worum geht es in dem Spiel genau? Ist das interaktiv?", fragt Björn stattdessen.

„Wie gesagt, es ist genau für dich geeignet, also alles andere als aktiv. Lange Ladezeiten, wenig Handlung, keine Tastenkombis, nur Mausklicks. Und es gibt nur zwei Charaktere, die dafür unterschiedlicher nicht sein könnten. Einmal den langhaarigen, ungepflegten und schwächlichen Björn, der automatisch mit Erdnussflips und dreckigen Shorts um sich wirft, und seinen Gegenspieler, den glatzköpfigen, gepflegten und muskulösen Meister Proper, der deinen Dreck zu beseitigen versucht. Wichtig ist beim Spielen nur die Müdigkeitsanzeige von Björn."

Björns Augen leuchten.

„Das spiele ich gleich heute Abend. Oder morgen."

Ich nicke.

Dann packe ich meine Geschenke aus.

Von Mama habe ich eine Packung Toffifee bekommen, mit einem Brief, in dem steht, dass sie Björn und mir frohe Weihnachten wünsche und dass sie für uns beide hofft, dass Björn dieses Jahr nicht noch einmal den Weihnachtsbaum abfackeln würde. Sie berichtet, dass sie mir nur zu gerne eine der süßen Mützchen zu Weihnachten gekauft hätte, die sie in der Kinderabteilung gefunden hatte. Dann kommen auch gleich wieder ihre Lieblingsfragen. Wie es denn mit meiner Familienplanung aussehe? Ob es da eine Frau in meinem Leben gäbe und falls dem so wäre, wie sie denn zu Kindern stehe? Ob sie denn gegebenenfalls auch die süßen Mützchen schon gesehen hätte? Dann betont meine Mama noch einmal – als wäre ich schwer von Begriff – dass sie sehr gerne einen Enkel willkommen heißen würde und abschließend folgt noch die Bemerkung, dass sie während des Briefeschreibens immer so großen Appetit bekomme.

Ich blicke auf die halb leere Toffifee-Packung.

Ein dumpfes Geräusch lässt mich aufblicken.

Björn haut sich mehrmals mit einem Brett auf den Kopf.

An sich nichts Ungewöhnliches, obwohl ich den Klang etwas hohler eingeschätzt habe.

„Was wird das? Glätteisen für Vollidioten?“, frage ich.

Björn starrt auf das Brett.

„Ist ein Geschenk von Big Sam. Auf dem Brief steht, dass das ein besonderes Brett ist, das seinen geheimen Inhalt erst offenbart, wenn man sich damit auf den Kopf haut.“

Innerlich grinse ich, versuche aber äußerlich Haltung zu wahren.

„Vielleicht musst du noch doller hauen?“

Björn nickt eifrig.

Hach. Ein gelungenes Weihnachtsfest.

OLE SIEHT SCHWARZ

SCHLECHTEN RUTSCH UND EIN BESCHISSENES NEUES JAHR

Ich habe nun das schwärzeste Kapitel meines Lebens hinter mir (höhö, darauf muss man erst einmal kommen, Freunde).

An sich ein tröstlicher Gedanke, wenn es nun tatsächlich kein schwärzeres Kapitel mehr in meinem Leben gibt, aber ich brauche noch ein paar Kapitel, um über das frisch vergangene, vermeintlich schwärzeste Kapitel meines Lebens hinwegzukommen.

Ich spreche hier von Silvester.

Wenn man sich die Bilanz der bisherigen Feste ansieht, dürfte es nicht verwundern, dass Ole Svensson dieses Jahr Silvester doof fand.

Denn Ole Svensson fand Silvester bisher immer doof.

Als kleines Kind dachte Ole noch, dass ein Silvester richtig doof sei, wenn man selber keinen Böller oder keine Rakete zünden dürfe.

Mit zwölf Jahren dachte Ole, Silvester sei doof, wenn die entfernte und unentwegt plappernde Verwandtschaft kommt und man eigentlich ungestört die Silvestergala mit Stefan Raab gucken wollte.

Noch doofer war dann aber das Silvester darauf, als Ole die Partyhäppchen nicht bekommen sind und er seinen eigenen Countdown auf der Kloschüssel erlebte. Der gute Rutsch blieb dabei leider aus.

Später fand Ole es mehr als nur doof, wenn Björn den Sekt und andere Alkoholica zum Silvesterfest besorgen wollte, es dann aber versäumte und alle Läden natürlich längst geschlossen hatten.

Letztes Silvester hatte Björn zwar an Sekt und jede Menge andere alkoholische Getränke gedacht, doch das führte schließlich nur dazu, dass der stockbesoffene Björn auf die überaus lustige und gut durchdachte Idee kam, mit Böllern nach mir zu werfen.

Doch dieses Jahr sollte alles besser werden.

Mit Carolina mitten auf dem großen Marktplatz in Lilleholm.

Aber Carolina tauchte nicht auf.

IN DER SAUNA

Ich sitze unbekleidet in einem stickigen Raum.

Mein Hintern wird von herausragenden Splittern der Holzbank durchstochen.

Heißt es deshalb splitternackt?

Überhaupt ein komisches Wort. Splitternackt. Splitter. Wie sieht das denn aus?

Hört sich auch komisch an: S - P - L - I - T - T - E - R .

Meine Augen glühen von dem heißen Nebel, der in der kleinen Saunakabine wabert.

Neben mir auf anderen Bänken sitzen ein paar weitere Männer.

Sie sind wahrscheinlich auch splitternackt. Man kann es zum Glück nicht erkennen.

Björn steht splitternackt in der stickigen Sauna und in mir reift die Erkenntnis, dass Frühstück runterwärts besser schmeckt als raufwärts.

Von dem brennenden Nebel in den Augen kann ich plötzlich nicht genug bekommen.

Was hat mich nur geritten, mit Björn eine Sauna zu besuchen?

Klar, nachdem ich die Silvesternacht allein in der Kälte verbringen musste, hatte ich ein wenig Wärme dringend nötig. In vielerlei Hinsicht.

„Sich neu entdecken", lautete der Werbespruch des Flyers vom Wellnesstempel ‚Lepo ja rentoutuminen'.

Eine gute Idee zum Neujahr, nachdem man das alte Jahr in Einsamkeit und Finsternis verbringen musste.

Und schließlich handelt es sich ja um eine Finnische Sauna, was meine Geschichte natürlich enorm aufwertet.

Aber nun, da Björn nackt und schwitzend vor uns posiert, sehne ich mich doch wieder nach Einsamkeit und Finsternis.

„Hey", knurre ich Björn an. „Setz dich doch bitte mal."

Björn, der verkappte Nudist, tut natürlich nichts dergleichen.

„Übrigens", sage ich weiter, „deine T-Shirts sind wahrscheinlich gar nicht ungebügelt, sondern immer nur körperbetont."

Ein paar der Männer lachen.

Aber Björn versteht solche Anspielungen nicht.

Ich sehe keinen anderen Ausweg mehr.

„Weißt du, Björn. Dein schlabbriger Hintern erinnert mich an das kaledonische Faltengebirge, aber ich will ehrlich sein. Nicht jeder hier denkt so positiv."

PAULCHEN, DER PHILOSOPH

Endlich.

Ich stehe wieder vor meiner Klasse.

Und die Kinder sind ausnahmslos alle wieder da.

Selbst Jonas scheint sich über die Weihnachtstage gut erholt zu haben. Ein Weihnachtswunder.

Eiki strahlt über beide Ohren.

Das Leben ist wieder gut in diesem Moment.

Doch sobald ich die kleine Kathi sehe, fällt mir wieder jene Silvesternacht ein, als ihre Mutter mich einfach im Stich ließ, ohne sich danach noch einmal zu melden.

Ich hoffe insgeheim, dass Kathi mir irgendetwas sagt, irgendwie die Situation erklärt oder einfach dafür sorgt, dass ich mich in der Angelegenheit mit ihrer Mama besser fühle.

Doch Kathi ist bloß ein Kind und weiß nichts von den Problemen der Erwachsenen.

Stattdessen meldet sich Paulchen.

„Ja, Paulchen?"

„Herr Svensson. Ich habe etwas nachgedacht."

„Na endlich“, sage ich lobend.

„Also, ich habe mir gestern überlegt, wenn jetzt ein Mörder kommt und er schneidet Ihnen den Finger ab, wollen Sie den Finger dann bei sich in der Wohnung lassen oder werfen Sie den weg?“

Da stehe ich nun, die Blicke der Kinder erwartungsvoll auf mich gerichtet.

„Öhm“, sage ich. „Öhmmmmmmmmmm.“

Na also. Der erste pädagogische Mechanismus, der wieder greift.

Zeit gewinnen. Nachdenken. Die Kinder erwarten schließlich eine ernste Antwort auf ihre Fragen. Wenn man das missachtet, wird man im Unterricht schnell zum Alleinunterhalter.

„Na ja, Paulchen. Also ich denke schon, dass ich ihn nicht einfach wegwerfen würde.“

„Aber der stinkt doch dann“, piepst Ida und hält sich die Nase zu.

„Na gut“, sage ich unsicher. „Dann werfe ich ihn lieber weg.“

„Aber vielleicht macht der Onkel Doktor ihn wieder ran?“, fragt Lisa.

„Joa, gut ...“, sage ich.

„Nee, nee. Das gilt nicht“, sagt Paulchen.

„Oh. Nee, das gilt nicht“, erkläre ich Lisa.

„Wieso nicht?“, fragt Lisa.

„Wieso nicht?“, frage ich Paulchen.

„Na, weil das ja meine Idee war und da ging das nicht mehr wieder ranzumachen“, bleibt Paulchen hartnäckig.

„Darum“, fasse ich es für Lisa zusammen.

„Ach so“, sagt sie nachdenklich.

„Man kann doch aber damit noch popeln“, flüstert Sarah.

Eine gruselige Wendung.

Die Augen der Kinder leuchten begeistert.

„Ja, also Paulchen. Ich werde noch einmal darüber nachdenken, versprochen!“

Tatsächlich beschäftigt mich dieses Thema noch den gesamten Nachmittag lang und die Verzweiflung ist so groß, dass ich sogar Björn um Hilfe bitte.

„Also, angenommen, ein Mann schneidet dir den Finger ab und ..."

„Was für ein Mann denn?", fährt Björn dazwischen.

„Ähm. Ein Mörder", erinnere ich mich an Paulchens Angaben. „Und der Mörder schneidet dir den Finger ab. Behältst du den noch oder schmeißt du den weg?"

„Den Mörder?", fragt Björn.

„Den Finger, du kompletter Vollidiot!"

„Wieso schneidet mir denn ein Mörder den Finger ab?", fragt Björn skeptisch.

„Och, mit dir kann man einfach nicht diskutieren!", sage ich wütend.

„Du musst zugeben, die Geschichte ist schon ein bisschen an den Haaren herbeigezogen, oder?", meint Björn kühl.

„Ich ziehe dir gleich an den Haaren, mein Freundchen!"

„Na gut. Ich finde nur, dass wir heutzutage die Dinge kritischer betrachten sollten", sagt Björn gedehnt und wischt sich einen Spuckfaden mit der Handfläche weg.

Ich balle die Hände zur Faust.

„Na, okay", sagt er müde. „Also, ich nehme jetzt mal an, man darf den Finger nicht zum Arzt bringen?"

„Öhm. Richtig", sage ich verblüfft.

Woher weiß er das?

Björn zuckt die Schultern.

„Ich würde ihn trotzdem behalten."

„Na, also. Sag das doch gleich", rufe ich. „Und warum würdest du das tun?"

Björn legt den Kopf schief und betrachtet mich ungläubig.

„Na, weil man mit dem noch gut popeln kann, natürlich!"

EIN VERSÖHNLICHER BRIEF

Lieber Ole!
Es tut mir furchtbar leid, dass dich meine Briefpost offenbar nicht erreicht hatte.
Kurz vor der Jahreswende kam mein Ex-Partner Nils zu Besuch bei uns vorbei. Ich konnte Kathi nicht verwehren, mit ihren Eltern gemeinsam die Weihnachtstage zu verbringen. Das verstehst du hoffentlich.
Nun sind wir wohl quitt und können hoffentlich da weitermachen, wo wir aufgehört haben.

Gruß und Kuss
Carolina

„Quitt?", fragt Björn fassungslos.

Wir sitzen am Tisch und spielen Skat.

„Na ja, du weißt schon, wegen der Spanienreise", erkläre ich.

„Das ist doch nicht das Gleiche!", protestiert Björn. „Ich war doch auch dabei!"

„Ja, schon", sage ich abwehrend. „Aber bei ihnen ja dafür Kathi."

„Ihr Ex-Freund", schnaubt Björn.

„Willst du mir irgendetwas sagen?", frage ich gereizt.

„Vänni ist nicht deine Ex-Freundin."

„Was du nicht sagst", kontere ich genervt.

„Sie stand mal auf ihn, sie haben sogar ein Kind zusammen!"

„Das heißt doch nichts mehr", sage ich. „Vänni zum Beispiel ist auch potenziell attraktiv."

Björn schüttelt den Kopf.

„Potenziell attraktiv? Vänni, die verrückte Piratenbraut?"

„Ich mag Vänni. Und sie ist nicht verrückt, sie ist wunderhübsch!"

Björn zieht die Augenbraue hoch.

Ich bin selbst überrascht.

Vänni räuspert sich am Tisch.

„Huhu, ich bin auch noch da."

Wir drehen uns erschrocken zu Vänni, die während des Streits die ganze Zeit neben uns saß.

„Autsch. Das ist peinlich", sagt Björn. „Voll vergessen. Skat spielt man ja zu dritt."

DIE PLANUNG DER KLASSENFAHRT

„Also? Irgendwelche Vorschläge?"

Solche Fragen gleichen der Ankündigung eines tobenden Sturmes.

„Disneyland!", ruft Lisa krächzend.

„Auf den Mond!", ruft Moritz wild.

„Auf den Pluto!", ruft Arne.

„Pluto ist doch der Hund von Mickey", piepst Ida.

„Disneyland!", krächzt Lisa daraufhin erneut.

„Tierpark!", ruft Finja.

„Ich hab auch schon mal Ziegen gefüttert!", erzählt Malte munter.

„Die Ronja haut mich!", nörgelt Maja.

„Die Maja hat angefangen!", nörgelt Ronja.

„Nee. Das war die Jenni", protestiert Maja.

„Gar nicht. Ich hab nur gespuckt", schwört Jenni.

„Beim Moritz im Garten", nimmt Paulchen meine Frage wieder auf.

„Aber nicht, wenn die Sarah kommt", sagt Moritz.

„Auf den Reiterhof", jauchzt Kathi.

Eiki lacht.

„Ich hab auch schon mal ..."

„Ja, Malte, mittlerweile wissen wir alle, dass du Ziegen gefüttert hast“, sage ich barsch.

Malte guckt mich einige Sekunden lang emotionslos an. Dann verliert er das Interesse und beißt wieder in seinen Radiergummi.

„Also“, sage ich. „Als Allererstes sollte Lisa jetzt mal einen Hustenbonbon nehmen.“

Malte scheint das Interesse an mir wiedergefunden zu haben.

„Nein, ich verteile jetzt keine Süßigkeiten!“

Die Kinder seufzen enttäuscht.

„Wir wollen doch jetzt klären, wohin wir auf Klassenfahrt fahren! Also, ich habe mir jetzt all eure Beiträge angehört und ich hätte tatsächlich nicht übel Lust, euch auf den Mond zu schießen.“

Moritz jubelt über seinen scheinbar guten Vorschlag.

„Disneyland ist zu teuer, eine Woche Tierpark scheint mir nicht lohnenswert. Bei Moritz im Garten wird es zu eng, selbst ohne Sarah, die wir aber natürlich alle mitnehmen wollen. Reiterhof würde zur Not gehen, aber die Jungs werden da sicherlich nicht so begeistert sein. Außerdem ist mir das Risiko, dass sich Jonas Kopfverletzung wieder verschlimmert, zu hoch. Dies und tausend andere Gründe schließen auch den Spielplatz aus.“

Ich teile den Kindern einen Zettel mit fünf Vorschlägen aus, die ich zur Sicherheit schon herausgesucht habe.

„Das gebt ihr der Mama und die soll dann mal ein Kreuz hinter ihrem Favoriten machen.“

„Kann das auch der Papa machen?“, fragt Moritz.

„Klar“, sage ich entnervt.

„Aber der ist doch gar nicht da.“

Ich schlage die Hände vor das Gesicht.

„Warum nur, warum nur?“, stöhne ich.

„Na, na. So schlimm ist das doch nicht“, tröstet mich Moritz. „Er kommt doch wieder.“

THÉODEN, KÖNIG VON LILLEHOLM

Björn steht auf meinem Bett und fuchtelt mit meiner Weltkarte herum, welche noch immer in der Verpackung steckt.

„Auf! Auf! Ihr Reiter Théodens! Speer wird zerschellen, Schild zersplittern. Ein Schwert-Tag, ein Blut-Tag, noch ehe die Sonne steigt! Reitet! Reitet nun! Reitet zur Vernichtung und zum Ende der Welt! Tod! Tod! Tod!", ruft er hysterisch.

Jetzt weiß ich wenigstens, wo meine DVD abgeblieben ist. Hat Björn doch meinen Rat angenommen und sich ‚Herr der Ringe' noch einmal angeschaut.

„Hey Gollum, komm jetzt mal runter vom Bett", sage ich müde.

Björn richtet die Weltkarte auf mich.

„Soweit ich mich erinnern kann, war Théoden und nicht Ole König von Lilleholm."

„Ja und soweit ich mich erinnern kann, sind das hier mein Zimmer und mein Bett!", entgegne ich und ziehe an der Weltkarte, sodass Björn das Gleichgewicht verliert.

Er streift sich eine Strähne aus dem Gesicht und schüttelt den Kopf.

„Was kann der Mensch gegen solch tollkühnen Hass ausrichten?", fragt er.

Ich muss zugeben, mir imponiert diese Darbietung. Zumal Théoden mit seinen epischen Reden echt der Slam-Poet von Mittelerde ist.

„Darauf wissen wir Elben nichts zu erwidern", gebe ich in bedauerlichem Ton zur Antwort und lege Björn eine Hand auf die Schulter.

Dann gebe ich ihm einen ordentlichen Tritt in den Hintern. „Und jetzt raus hier!"

„Schlechte Nachricht ist ein schlechter Gast", murmelt Björn, nimmt die Weltkarte und schlurft aus meinem Zimmer.

„Björn!"

„Hm?"

„Du hast ja die Weltkarte immer noch!“

„Ah ... ja“, sagt er verdutzt und lässt die Weltkarte aus der Hand gleiten.

Widerwillig verlässt er mein Zimmer. Dann bleibt er stehen.

„Mir ist ein gutes Ende für dein Buch eingefallen!“

Ich schließe die Tür hinter ihm.

So ein Nerd!

Dann sehe ich die Weltkarte. Ich hebe sie auf. Sie liegt wirklich gut in der Hand.

Licht fällt plötzlich in mein Zimmer, begleitet von leisen Geigen und fremden Stimmen und ich verfalle in eine seltsame Melancholie, wie ich sie noch nie zuvor erlebt habe.

„Wo sind Reiter und Ross“, beginne ich langsam und sehe nachdenklich in die Weite. „Und das Horn, das weithin hallende? Lang vergangen wie Regen im Wald und Wind in den Ästen. Im Schatten hinter den Bergen versanken die Tage im Westen.“

In der Ferne höre ich dumpfes Geschrei. Vielleicht Orks?

Die Geige hört auf zu spielen und nur unterbewusst vernehme ich Worte. Es sind die Worte des Menschenvolks.

„Vivaldi ist keine Scheißfidelei! Außerdem ist es 17:00! Es ist mein gutes Recht, in meiner eigenen Wohnung Geige zu üben!“, vernehme ich aus weiter Ferne der Nachbarwohnung.

Ich hingegen stehe noch immer im Zimmer, die Weltkarte hängt lasch nach unten. Man sieht die müden Falten in des Königs Gesicht.

„Wie konnte es so weit kommen?“

DIE TRICKS EINER FRAU

„Ist jetzt wieder alles gut mit dir und Carolina?"

Ich decke den grünen Schuh auf.

Verdammt. Wo war noch gleich der andere Schuh?

„Das hast du doch mit Absicht gemacht", beschwere ich mich.

„Was denn?", fragt Vänni unschuldig.

„Wie soll man hier ordentlich Memory spielen, wenn du mich dauernd ablenkst?"

Ich ziehe nur den Fußball. Den anderen Fußball hatte Vänni gerade vor mir gezogen, was sie sich sicherlich gemerkt hat.

Jetzt muss ich sie auch aus dem Rhythmus bringen.

Wir spielen schließlich um zwanzig Kronen!

„Ja, zwischen uns ist alles gut. Unsere flotten Dreier mit dem Gorilla aus dem Tiergehege von Big Sams Arbeitsstelle sind so prickelnd und heiß wie lange nicht mehr."

Vänni holt sich beide Fußballkarten und das Schuhpaar noch dazu.

„Aha", sagt sie interessiert. „Ist der Gorilla weiblich oder männlich?"

„Was? Nein, das habe ich doch nur so gesagt."

„Also männlich", zwinkert sie mir zu.

„Wie bitte?", sage ich erschrocken. „Nein, ich wollte dich doch nur ablenken. Es ist schon alles gut zwischen Carolina und mir, aber es gibt keinen Gorilla. Ehrlich!"

Vänni lächelt wissend und holt sich dann ein weiteres Pärchen, das ich wahrscheinlich gerade völlig abgelenkt selbst umgedreht hatte.

„Starker Trick", gebe ich zu, nachdem es mir dämmerte, dass ich erneut in ihre Falle getappt bin.

Vänni zwinkert.

„Leute?", ruft Björn.

Ich sehe Vännis überraschten Blick und deute müde hinter mich.

„Ist er wieder nackt?"

Sie nickt langsam.

Ich drehe mich um. „Du alter Perversling, jetzt reicht es."

Björn hebt abwehrend die Hand.

Die Hand natürlich, die eben noch das Wichtigste verdeckte.

„Du verstehst das falsch. Ihr habt mich nur vorher nicht gehört. Ich wollte nur sagen, wir haben kein Klopapier mehr!"

„Dann kaufe doch welches?", schlage ich vor.

„Geht nicht!"

„Wieso geht das nicht?", frage ich gereizt.

„Weil ich noch nicht fertig bin."

„Man möchte brechen", stöhne ich kopfschüttelnd.

„Aber nicht ins Klo, da bin ich noch."

„Nimm gefälligst ein Taschentuch und verzieh dich!", blaffe ich.

„Ich nehme doch kein Taschentuch", lacht Björn.

Als er meinen Gesichtsausdruck sieht, nickt er schnell und watschelt geschwind mit heruntergelassener Hose ins Badezimmer zurück.

„Bin ich dran?", fragt Vänni.

„Ja, ja, ich denke schon."

„Prima", sagt Vänni und holt sich auf einmal ein Pärchen nach dem anderen.

Verdammt.

„Na, das war ja ein toller Sieg. Dein Sieg war ja wohl größtenteils Björns Verdienst."

Vänni lächelt nur und hebt eine Rolle Toilettenpapier in die Höhe.

„Du schreckst vor nichts zurück, oder?", sage ich beeindruckt.

„Sprach der Lehrer, der ein Dreiecksverhältnis mit der Mutter seiner Schülerin und einem männlichen Gorilla führt", sagt sie zwinkernd.

Dann drückt sie mir die Rolle in die Hand und nimmt mir die zwanzig Kronen ab.

„Du, Ole?", höre ich es aus dem Bad rufen.

„Hm?", frage ich.

„So wie sich das hier entwickelt, brauche ich wohl noch mal eine Packung Taschentücher!"

THE VOICE OF LILLEHOLM

Zum Jahresanfang gibt es in der Astrid-Lindgren-Schule immer einen Gesangstest. Die Kinder dürfen zu zweit vor die Klasse treten und ihre Singstimme und Textsicherheit unter Beweis stellen. Gesungen wird jedes Jahr das Herbstlied ‚Bunt sind schon die Wälder'. Auch wenn der Herbst schon längst vorbei ist.

Die Arbeitsergebnisse in der Klasse 1c sind in der Tat nicht so wie gewünscht.

Der Gesang, nebenbei bemerkt, auch nicht.

„Das war eine sehr beeindruckende Darbietung von euch beiden", sage ich zu Eik und Jonas. „Jonas, dir möchte ich erst einmal gratulieren. Dazu, dass es in der ersten Klasse noch keine Noten gibt."

Jonas nickt zufrieden.

„Und Eiki, dir möchte ich gratulieren, dass du dir clevererweise einen Partner ausgesucht hast, der mühelos einen Brüllaffen übertönt. Ich habe keinen einzigen Ton von dir gehört."

Auch Eiki scheint damit mehr als gut leben zu können.

Als Nächstes kommen Ida und Kathi.

Idas Piepsen und Kathis Jodeln bringen mich wegen entsprechender Assoziationen dazu, nach der dritten Zeile plötzlich auf dem Klavier die Vogelhochzeit zu spielen.

Interessanterweise tut dieses Versehen ihrem Gesang keinen weiteren Abbruch.

Ab einem bestimmten Punkt ist die Steigerung des Missklanges für unser Gehör einfach nicht mehr wahrzunehmen.

Viele große Komponisten früherer Epochen haben einige ihrer gelungensten Partituren gerade mit solchen Dissonanzen nur so vollgestopft. Die Kunst bestand lediglich darin, diese Missklänge leicht im Verlauf zu verändern und sie in Konsonanzen aufzulösen.

Worauf ich also hinaus will, ist Folgendes: Viel kann mitten im Lied vermeintlich falsch klingen – wenn es sich in das Wohlklingende auflöst, nehmen wir den Missklang nicht als solchen wahr, weil wir auf das Ganze achten.

Vielleicht ist also der Unterschied zwischen Bach und Bohlen lediglich der, dass Bohlen immer den letzten auflösenden Akkord vergessen hat, der uns dann natürlich den ganzen Mist davor erklärt hätte.

Doch zu groß war nun die Auswahl an Tönen, die Ida und Kathi als Nächstes singen konnten, sodass auch ein Bach das Lied nicht mehr hätte retten können.

„Na schön, dann Malte und Sarah jetzt bitte nach vorne."

Malte hat Schnupfen, daher bot sich die Zusammenarbeit mit Sarah gut an. Gesanglich jedoch gleicht das Duett mehr einem schlecht geprobten Kanon.

Beachtlich dabei ist, mit welcher Konsequenz Malte dem Tempo von Sarahs Gesang und meinem Klavierspiel entgegenwirkt.

Als Sarah und ich mit der zweiten Strophe anfangen, ist Malte noch bei ‚Wälder'.

Oder eher „Wööööööööööööööööööölddöööööööööööööööööör."

Bei Arne und Jenni muss ich dann aber doch einmal unterbrechen.

„Also, Jenni, du hast eine sehr schöne Stimme, aber wiederhole mal bitte jetzt den Text allein. Aber warte, ich muss mal den Aufnahmeknopf am Handy finden."

Jenni holt tief Luft.

„Unsinn schon mit Wäldern, gelb die Hoppelkälber,

kühler Herbst mit Wind. Junge Winzerinnen, haben Pfirsiche mit Streifen, alles jubelt froh ..."

„Aufhören", sagt Björn später lachend. „Ich kann nicht mehr."

„Hat doch auch etwas Poetisches. Etwas Dadaistisches, oder?", sage ich, während ich es noch einmal abspiele.

Vänni findet das überhaupt nicht lustig.

„Das ist doch gemein, dass du das aufgenommen hast!"

„Junge Winzerinnen haben Pfirsiche mit Streifen", presst Björn knallrot hervor, noch bevor ich Vänni etwas entgegnen kann.

Björn strampelt vor Lachen, Tränen schießen ihm in die Augen. Obwohl Vänni in mir durchaus Gewissensbisse verursacht, kann ich mich Björns ansteckendem Lachen nicht länger entziehen. Schon gar nicht, als Vänni mit ernster Stimme noch einmal erklärt, dass mit den Streifen an den Pfirsichen wohl der Bikiniabdruck der Winzerinnen gemeint sei.

KURZE REDE, LANGES KINN

„Und, was schenkst du ihm?“, fragt Vänni.

„Hm?“, frage ich.

„Na, Björn. Zum Geburtstag!“

„Ach so“, sage ich lachend und lege den Nintendo-Controller beiseite.

„Du hör mal“, beginne ich. „Die Sache ist die: Björn hat gar nicht im Januar Geburtstag. Na ja, das heißt, er hat vielleicht schon im Januar Geburtstag, das weiß ich jetzt gar nicht so genau. Aber Björn wird dir auch im März, im Juni, September und November erzählen, dass er Geburtstag hat.“

„Oh“, sagt Vänni.

„Die Zeitpunkte haben immer einen gewissen Abstand zueinander, sodass man schnell vergisst, dass man ihm im gleichen Jahr bereits mehrfach Geburtstagsgeschenke bereitet hat“, erkläre ich.

„Wow“, sagt Vänni. „Wie hast du das denn herausbekommen?“

Ich zucke mit den Schultern.

„Er hat sich einmal im Juni anlässlich des vermeintlichen Geburtstages bei mir beschwert, dass ich ihm bereits im März so eine doofe Quietscheente geschenkt hätte.“

Vänni verdreht die Augen.

„Das klingt nach Björn.“

Ich nicke. Dann nehme ich den Controller wieder in die Hand und suche mit Super Mario weiter nach den acht roten Münzen in der verschneiten Welt Bibberberg Bob.

„Wie sieht eigentlich diese Carolina aus?“, fragt Vänni beiläufig.

Also, eigentlich klingt es überhaupt nicht beiläufig.

„Na ja“, sage ich, während Mario auf der Brücke von einem Schneemann zerdrückt wird. „Sie ist mittelgroß, hat lange Beine. Und joa ... lange Haare.“

„Lange Haare auf den Beinen?“, fragt Vänni.

„Nein, auf dem Kopf natürlich“, sage ich.

„Ah“, sagt Vänni überschwänglich. „Dann habe ich sie letztens in der Stadt gesehen.“

„Wenn er hochkonzentriert ‚Super Mario‘ spielt, bekommt man nicht so viel aus ihm heraus“, erklärt Björn, der gerade mit einem Bier aus der Küche kommt.

„Immerhin weiß ich jetzt, dass du gar nicht Geburtstag hast!“, sagt Vänni sauer.

„Hä? Nein, ich habe wirklich Geburtstag. Der Januar ist der echte Tag! Ehrenwort.“

„Ehrenwort“, sage ich und pruste höhnisch.

„Dann sag du mir dafür, wie Carolina aussieht, wenn du ein Geschenk haben möchtest“, sagt Vänni und verschränkt die Arme.

Ich werfe Björn rasch einen Seitenblick zu, doch er guckt stattdessen nur angewidert auf das Flaschenetikett seines Bieres.

„Igitt, ist das alkoholfrei?“, fragt er.

„Alkohlfreies Bier ist isotonisch und kann daher viel besser vom Körper verarbeitet werden. Es ist sowohl fett- als auch cholesterinfrei“, erkläre ich.

„Nicht dein Ernst“, sagt Björn ungläubig. „Gab es an der Tanke nix anderes mehr?“

Ich seufze.

„Kam leider zu spät.“

„Oh Mann. Lilleholm ist echt eine Säuferstadt.“, sagt Björn kopfschüttelnd.

„Ähem“, räuspert sich Vänni.

„Alles gut bei dir, Vänni?“, fragt Björn, während er laut den Schaum abschlürft.

„Carolina?“, fragt Vänni ungeduldig.

„Oh, oh. Du, Ole?“, flüstert Björn ängstlich.

„Ja?“, frage ich ungeduldig, während ich der lahmarschigen Pinguinmutter folge.

„Ich glaube, Vänni hat einen Rückfall. Sie denkt, sie wäre Carolina“, flüstert Björn.

„Erstens höre ich, wenn du durch den ganzen Raum flüsterst. Zweitens wollte ich nur wissen, wie sie aussieht!“, entgegnet Vänni.

„Ach so“, sagt Björn erleichtert. „Sag das doch gleich.“

Vänni zieht die Augenbrauen zusammen.

„Joa, sieht eigentlich ganz gut aus“, sagt Björn rasch. „Braune lange Haare, gebräunte Haut, schöne Augen.“

„Vergiss das Kinn nicht“, sage ich schwärmend.

„Ach ja“, sagt Björn. „Sie hat ein riesiges markantes Kinn. Wie ein Ziegelstein!“

„Was?“, rufe ich und lasse Mario gegen die Pinguinmutter rennen. „Du machst Witze!“

„Du scheinst Witze zu machen. Die rote Münze schimmert die ganze Zeit über der Tanne dort, an der du dauernd vorbeiläufst!“, kontert Björn kühl.

Oh, das stimmt. Da ist sie ja.

Björn fährt fort: „Also ohne Mist. Sie ist eine richtige Kinnfluencerin! Die hat ein krasseres Kinn als Reese Witherspoon!“

„So ein Quatsch“, protestiere ich. „Das Kinn von Reese Witherspoon okay, aber Carolinas Kinn ist total süß!“

„Ole“, sagt Björn mit dem zum verrückt werdenden Tonfall eines geduldigen, alten Mannes. „Fragst du dich nicht auch manchmal, warum Carolina keine Ketten trägt?“

Er deutet dabei ein riesiges Kinn an und den Versuch, eine Halskette daran vorbeizubekommen.

„Was?“, rufe ich erzürnt. „Du hast sie erst einmal in echt getroffen. Und selbst da hatte sie eine Kette um. Hast du Blindfisch wohl einfach nur nicht gesehen!“

Björn deutet erneut auf sein Kinn.

„Hat wohl etwas die Sicht versperrt!“

SCHLACHT UM LILLEHOLM

Das Kampffeld vor meinen Augen.

Die Heere haben sich vermischt, niemand scheint mehr zu wissen, wer für wen kämpft.

Jeder scheint nur noch auf sich zu achten.

Es gibt keine Verbündeten, sie sind einander alle Feinde.

Ich stehe auf einer Erhöhung, doch sicher bin auch ich nicht vor den Geschossen.

Viele bekannte Gesichter, die schwer getroffen durch den Schnee stolpern.

Manche, die man sonst normal auch in der Stadt sieht, früh beim Bäcker oder in der Straßenbahn, sind unter ihnen. Selbst der Hausmeister aus unserer Schule ist mitten im Getümmel.

Sein Gesicht wirkt schmerzverzerrt. Er brüllt wie ein Wahnsinniger, die eisigen Winde vermögen mir jedoch nicht den Inhalt seiner Tirade zu erahnen.

Ich spüre einen kalten Atem in meinem Nacken.

Jemand hat sich unbemerkt an mich herangeschlichen.

Dann steht sie neben mir. Eine Frau mit wildem Blick. Ihre Kiefer klappen auf und knirschen, als sie diese wieder schließt. Ich konzentriere mich auf ihre Stimme.

Was hatte sie gesagt? Ich bin wie taub.

„Wie bitte?“, rufe ich verzweifelt gegen die Schneewehen.

„Sie scheinen die Lage ja nicht gerade im Griff zu haben“, ruft sie höhnisch.

Wie war das? Ich muss mich wohl verhört haben. Ich blicke auf das unkontrollierbare Gemetzel herab. Was soll ich als einzelner Mensch da ausrichten können? Mit einer weißen Fahne durch die Schlacht hüpfen, oder wie?

Nein, nein. Meinen sicheren Platz hier oben zu verlassen ist das Letzte, was ich tun werde.

Plötzlich ertönt ein lautes Sirren. Läutende Alarmglocken. Oder ist es das Rettungssignal? Ja, tatsächlich! Die Kämpfer legen alle ihre Waffen nieder.

Sie lachen, klopfen ihren Feinden auf die Schultern, verbrüdern sich plötzlich.

Und ich lache auch. Die Schneeballschlacht ist vorbei.

Genau wie mein Hofaufsichtsdienst für diesen Winter.

KLEINE LIEBELEIEN

„Was ist denn, Ida?“

„Ich habe vorhin einen Schneeball abbekommen und hab jetzt eine Frostbeule am Auge.“

„Ähm, ja. Ist doch alles halb so wild. Spätestens, wenn du heiratest, ist das wieder weg!“

Ida guckt mich skeptisch an.

„Ach, Herr Svensson, wer will mich denn so noch heiraten?“, piepst sie traurig.

Was soll ich zu solch betroffener Klage nur sagen?

„Der Jonas zum Beispiel, der ist doch auch voller Beulen“, versuche ich zu witzeln.

Ein fataler Fehler.

Wenn du das Leben zweier Schulkids im Grundschulalter zerstören möchtest, dann am besten, indem du vor der gesamten Klasse sagst, dass die beiden gut zueinander passen und sogar später einander heiraten könnten.

Dachte ich jedenfalls. Doch kaum zwei Wochen später hat die 1c ihr erstes Liebespaar zu feiern.

Wenn man Malte und seine Brotbüchse mal ausnimmt.

Händchenhaltend laufen Ida und Jonas über den Schulhof und strahlen dabei ihr junges Glück aus.

Auch bei Carolina und mir sieht es wieder gut aus. Wir haben uns lange ausgesprochen und gerade eben noch länger versöhnt, wenn ihr versteht, was ich meine.

Doch während wir noch kuschelnd in Carolinas Bett liegen, kommt Kathi plötzlich in das Schlafzimmer.

„Oh hallo, Herr Svensson", sagt sie erstaunt.

Ich ziehe mir schnell die Bettdecke bis zum Hals.

„Ähm. Hallo Kathi."

„Was machen Sie denn hier?", fragt Kathi neugierig.

„Ich ähm, wir ähm ... wir haben uns hier über deine Schulleistung unterhalten."

„Hier in Mamas Bett?", fragt sie.

„Na ja, warum nicht? Ist doch ganz bequem hier", bringe ich mühsam hervor.

Carolina springt schnell für mich ein: „Kathi, musst du nicht noch deine Hausaufgaben erledigen?"

Kathi legt den Kopf schief.

„Habe ich doch schon längst gemacht", sagt sie trotzig. „Ich mach immer meine Hausaufgaben, stimmt doch, Herr Svensson?"

„Ja, ja", sage ich. „Stimmt. Darüber habe ich gerade mit deiner Mutter gesprochen. Deswegen sollst du sogar eine geheime Überraschung bekommen. Das ist so geheim, dass wir uns extra in dem Schlafzimmer von deiner Mama versteckt haben."

Kathis Augen leuchten.

„Ach so“, sagt sie aufgeregt.

„Ja“, fahre ich fort. „Und du darfst auch keinem davon erzählen.“

„Nein“, flüstert Kathi und legt sich den Finger auf die Lippen. „Versprochen.“

Ich gucke heimlich zu Carolina und sie zwinkert mir erleichtert zu. Da habe ich uns aber noch einmal aus der Patsche geholfen.

„Aber eine Frage habe ich noch“, sagt Kathi.

„Zu den Hausaufgaben?“, frage ich freundlich.

Kathi schüttelt den Kopf.

„Sondern?“, fragt Carolina ungeduldig.

„Also ich verstehe ja, dass ihr euch wegen der Überraschung hier versteckt habt“, sagt Kathi. „Und ich will auch auf keinen Fall die schöne Überraschung verderben ...“

„Ja, aber?“, helfe ich ihr nach.

„Aber warum seid ihre beide eigentlich nackig?“

HAARDCORE

„Gut, bei wem willste denn ’nen Termin haben, Ole?“

Ich höre, wie die Trulla am anderen Ende auf ihrem Kaugummi herumkatscht.

Ohne sie je gesehen zu haben, habe ich ein klares Bild von ihr vor Augen. Der Salon hat auch einen speziellen Ruf.

„Öhm, bei Fabienne?“, frage ich einfach auf gut Glück, statt einfach zuzugeben, dass ich hier niemanden kenne und auch nur darum hier einen Termin möchte, weil meine andere Friseurin im Urlaub ist.

„Ach, du meinst bestimmt bei Janine-Fabienne.“

„Ja genau“, sage ich mit einer gewissen Überraschung darüber, dass ich mit meinem Versuch getroffen habe.

„Gut, dann komm mal so zehn vor vier heute vorbei. Bis dann, Ole. Tschüüüüüüü!“

Mein ‚Tschüss‘ wird nur noch von einem nervigen Tuten aus dem Telefonhörer entgegengenommen. Das aber weit weniger nervig ist als das Geplapper der Trulla.

„Möchtest du dir nicht vorher die Haare waschen?“, fragt Vänni diskret.

„Nein! Auf keinen Fall“, entgegne ich. „Ich habe mir sogar absichtlich seit einer vollen Woche nicht mehr die Haare gewaschen!“

„Pfui, warum das denn nicht?“, fragt Vänni angewidert.

Ich weiß übrigens auch nicht, warum sie jetzt ständig bei uns ist. Nicht, dass es mich stört. Es wäre vielmehr schön, wenn Björn sich daran mal ein Beispiel nehmen würde und auch mal häufiger nicht zu Hause wäre, wo er mir nur auf die Nerven geht.

Vännis Wohnung ist ja zum Beispiel frei, wenn sie hier ist.

Hauptsache weg. Dann wüsste er auch, dass sich der Kühlschrank nicht von allein füllt.

„Na ja, bei Haardcore machen sie immer so schöne Kopfmassagen beim Waschen. Das soll wohl das einzig Gute an dem Schuppen sein. Und na ja. Je dreckiger, desto länger die Wäsche“, sage ich zwinkernd.

„Oh je. Du bist ein verrückter Vogel“, sagt sie und jemand wie Vänni muss es ja wissen.

Ich nicke. „Man muss gucken, wo man bleibt.“

„Apropos, wo bleibt Björn eigentlich heute?“

„Apropos ‚Apropos‘, wusstest du eigentlich, dass man ‚Apropos‘ mit „s“ am Ende schreibt?“

„Nee“, sagt Vänni in einem Ton, der mir verrät, dass es sie auch nicht die Bohne interessiert.

Björn kommt in die Wohnung.

„Uff, bin ich fertig“, ächzt er schlapp und schmeißt sich und seinen unfertigen Körper auf den nächstbesten Stuhl.

„Die Arbeit war wohl ermüdend, was?“, scherze ich.

„Ist ja nicht so, dass du den Spruch jedes Mal bringst“, knirscht Björn.

„Ich habe noch einen: Hey Björn, du hast ja fiese Augenringe, hast du heute früher Feierabend bekommen?"

„Den finde ich gut", meint Vänni dazwischen.

„Geht", meint Björn.

„Na gut, ich geh dann mal los", verabschiede ich mich und hole meine Jacke.

„Machst'n?", fragt Björn.

„Zu Janine-Fabienne", antworte ich knapp.

„Private Angelegenheit?", fragt er neugierig.

„Haarige Angelegenheit", zwinkere ich.

Natürlich ist Janine-Fabienne noch nicht bereit, als ich eintreffe. Wenn man schon solche bekloppten Uhrzeiten auswählt, dann möchte ich da auch eigentlich gleich drankommen. Stattdessen lese ich eine halbe Stunde allerlei Klatsch und Tratsch.

Beim Hausarzt gibt es wenigstens noch Sportzeitungen, wenn auch voller Keime.

Jetzt muss ich mit der Frühlingskollektion für die modebewusste Frau von heute auskommen. Pastelltöne sind hier zurzeit der letzte Schrei. Das kann man wohl wortwörtlich nehmen.

„So Ole", meint dann ein schrill gekleidetes Mädchen. „Ich wäre dann so weit."

„Ja, ja, gleich", sage ich. „Ich muss nur schnell wissen, wie es ausgeht."

Janine-Fabienne beugt sich stirnrunzelnd vor.

„Ist das nicht eher so eine Foto-Lovestory für pubertierende Mädchen?", fragt sie.

Ganz schön frech für eine, die Janine-Fabienne heißt.

Mit der Kopfmassage hat sie dafür wieder einiges von der Wartezeit wettgemacht.

Nun sitze ich vor dem Spiegel mit einem Umhang, wie ihn einst Darth Vader trug, während Janine-Fabienne gerade mit einem Kunden telefoniert.

Ich bemerke, dass der Junge, der neben mir sitzt, durch meinen

Spiegel zu mir blickt. Ich schätze ihn auf ein Alter von fünfzehn Jahren und vor so langer Zeit muss auch etwa der letzte Haarschnitt bei ihm stattgefunden haben.

„Hey Struwwelpeter, was geht?“, frage ich in den Spiegel.

„Ich heiße Thorsten, Alter!“, knurrt der Halbstarke zurück.

„Alle Kinder haben Haare, außer Thorsten, der hat Borsten“, witzele ich.

„Dat können Se laut sagen“, meint seine Friseurin.

Ich glaube, ihr Name war Erna. Sieht jedenfalls aus wie eine Erna. Eigentlich klingt Erna schon ganz cool, wenn ich so drüber nachdenke.

Janine-Fabienne kommt wieder.

„Oh, tut mir leid, Ole, da war ein Kunde am Telefon“, entschuldigt sie sich.

Ich frage mich insgeheim, wer da auch sonst anrufen soll.

„Nicht so schlimm“, meine ich. „Hatte ja nette Gesellschaft hier.“

„Dein Ole ist ein janz Lustiger jewesen grad ebend“, meint Erna.

Janine-Fabienne strahlt.

„Och schön. Weißt du, Ole, das ist immer schön, wenn die Leute heute noch was zu lachen haben. Solche Kunden habe ich am liebsten.“

Schleim, schleim.

„Und ich mag ja immer Friseurinnen, die mir nicht das Ohr abschneiden wollen“, presse ich hervor, nachdem Janine-Fabienne selbigen Versuch unternahm.

„Erzähl doch mal noch einen Witz“, bettelt sie.

Ich seufze.

„Einen Friseurwitz“, kreischt sie hinterher.

„Also gut. Wie nennt man die Haare von Zwergen?“

„Weiß ich nicht, Ole. Verrate es uns“, sagt Janine-Fabienne lächelnd.

„Zwerchfell!“

Thorsten schlägt sich die Hand vor die Stirn.

Erna brüllt vor Lachen.

„Verstehe ich nicht“, meint Janine-Fabienne schulterzuckend.

Sie erinnert mich zunehmend an Björn.

Während mich nun Thorsten weiter bedrohlich anstiert, bekommt meine Frisur endlich wieder Konturen.

„Zufrieden?“, fragt Janine-Fabienne schließlich.

Ich betrachte mich im Spiegel. Thorsten ja sowieso.

„Joa, doch. Sieht echt gut aus“, sage ich überrascht.

Janine-Fabienne strahlt über das ganze Gesicht.

Und dann kommt der Fön.

Kennt ihr das Gefühl, wenn alles Gute vor euren Augen in die Brüche geht und ihr nichts dagegen tun könnt?

Es passiert mir so oft, dass ich mich gerade zufrieden über die Arbeit der Friseurin äußere, bevor sie alles wieder zerstört. Um das Trinkgeld kommst du nicht herum, obwohl du ja gar nicht mehr zufrieden bist. Dann hetzt du wie ein Ninja durch die letzten Seitengassen, damit dich auch ja keiner sieht, guckst selbst aber alle drei Schritte in das getönte Glas der Autotüren, um dein Spiegelbild zu erhaschen und versuchst zu retten, was zu retten ist. Bis du schließlich zu Hause ankommst, wo ein breit grinsender Björn mit seinen langen Fetthaaren vor dir steht und dir sagt, dass er aus solchen Gründen nie zum Friseur geht.

DIE FIFA-ELF VON MITTELERDE

„Also kommt Samweis Gamdschie in die Verteidigung“, sage ich.

„Hä?“, fragt Vänni, die gerade erst dazugestoßen ist. „Was macht ihr denn wieder?“

„Wir stellen eine Mittelerde-Fußballelf auf!“, erklärt Björn, als sei es das Normalste der Welt.

Vänni verdreht die Augen.

„Jungs, werdet erwachsen ...“

Björn und ich lachen.

„Guter Witz. So jetzt zurück zum Thema", meine ich schließlich.

„Freaks", stöhnt ausgerechnet Vänni, die vor nicht allzu langer Zeit noch dachte, im Körper einer Piratenbraut zu stecken.

Ich meine, okay. Nach Björns Gandalf-Träumen, unseren epischen Kampfszenen in meinem Bett und meinen Tagträumen von heroischen Schneeballschlachten gehören wir wohl spätestens mit unserer Mittelerde-Fußballelf zur Kategorie „Nerd". Vielleicht sollte ich dem lieber ein Ende setzen und ...

„Wieso ist Sam jetzt noch einmal in der Verteidigung?", unterbricht Björn meine Gedanken.

„Mann, ist doch klar! Er war der Leibwächter von Frodo. Welcher Spielertyp ist für Manndeckung verantwortlich? Genau, der Verteidiger!"

Björn nickt. „Klingt logisch."

„Natürlich", sage ich, voll in meinem Element. „Merry und Pippin werden die Flügelspieler. Eher Randcharaktere, aber klein und flink und sie haben durchaus Einfluss auf das Geschehen."

„Wenn Sam, der barmherzige Verteidiger, auf Frodo achtet, bedeutet das dann nicht, dass Frodo Stürmer sein muss?", fragt Björn.

„Wow, Umkehrschluss. Wusste gar nicht, dass du so etwas kannst!", staune ich.

„Ich auch nicht", sagt Björn verlegen.

„Prima, also haben wir die Hobbits schon mal abgehakt", stelle ich zufrieden fest.

Vänni verdreht erneut die Augen.

„So, weiter. Was wissen wir noch?", frage ich und ignoriere Vännis Missfallen.

„Na ja, Gandalf muss ins Tor."

„Wie bitte?", frage ich. „Gandalf, der Grüne muss vielleicht ins Tor!"

Björn steht auf, geht leicht in die Knie, nimmt die Hände in die Höhe wie ein Torwart vor dem Elfmeter und donnert: „DU KOMMST NICHT VORBEI!"

„Überzeugt", erkenne ich seinen Vorschlag an und trage Gandalf in die Aufstellung ein.

„Dann haben wir jetzt noch Gimli, Legolas, Boromir und Aragorn. Und dann fehlen noch drei", meint Björn nach einem kurzen Blick auf den Zettel.

„Ähm, in einer Fußballelf spielen – wie der Name bereits verrät – auch nur elf Spieler", merke ich kurz an.

„Ich weiß, ich bin ja nicht blöd", sagt Björn.

„Gut, dann kannst du nur nicht richtig zählen", erwidere ich freundlich.

Björn hebt den Zeigefinger. „Richtig, aber das ist ein völlig anderes Paar Schuhe."

„Apropos, wie findet ihr meine neuen Schuhe?", fragt Vänni sichtlich um einen Gesprächswechsel bemüht.

„Vänni, bitte", sagt Björn belehrend. „Wir haben hier wirklich wichtige Dinge zu besprechen!"

„Apropos ‚Apropos'! Wusstet ihr eigentlich, dass man ‚Apropos' mit ‚s' am Ende schreibt?", frage ich, völlig begeistert von diesem Phänomen.

„Ja!", stöhnen Björn und Vänni genervt.

„Hübsche Schuhe", bemerke ich kleinlaut.

„Also, zurück zum Thema", mahnt Björn. „Wie wäre es mit Gimli als zweitem Stürmer neben Frodo? Bevor du etwas sagst, erinnere ich an folgendes Zitat von Gimli, als sie Merry und Pippin verfolgten. Er sagte: ‚Querfeldein bin ich nicht zu gebrauchen, wir Zwerge sind eher geborene Sportler. Mordsgefährlich über kurze Entfernungen.'"

„Also erstens sagte Gimli ‚Spurter' und nicht ‚Sportler'. Zweitens sehe ich eher Legolas als Gimli im Sturm. Er ist definitiv der beste Schütze, hat ein gutes Auge, trifft aus allen Lagen. Gimli ist mehr der Zerstörer, den hätte ich lieber im defensiven Mittelfeld."

„Na schön", quengelt Björn.

Ich notiere die beiden rasch auf den von mir empfohlenen Positionen, bevor Björn es sich noch einmal anders überlegt.

„Aber dass Aragorn als Kapitän auf die 10er-Position geht, ist hoffentlich klar."

„Klar wie Kloßbrühe", stimme ich Björn zu.

„Meine Kloßbrühe ist irgendwie nie klar", wundert sich Vänni.

Da fällt mir jetzt auch nichts dazu ein.

„Diese Redewendung kommt ursprünglich vom Wort ‚Klosterbrühe', die klar und durchsichtig sein musste, um der Völlerei vorzubeugen", sagt Björn plötzlich.

Wir gaffen ihn ungläubig an.

„Lexikon gegessen?", frage ich.

„Internet im Handy", sagt er selbstzufrieden und wedelt mit seinem Zweithirn von Nokia (übrigens eine finnische Firma).

„Gut, so, jetzt weiter. Die Brüder Boromir und Faramir, die über Jahre hinweg Osgiliath verteidigt haben, dürften wohl das perfekt eingespielte Innenverteidigerduo abgeben, oder?"

Björns Augen leuchten.

„Gut, dann rückt Sam also auf die Außenverteidigerrolle. Fehlt noch ein Außenverteidiger", erklärt Björn.

„Baumbart?", frage ich.

„Zu langsam", meint Björn kopfschüttelnd.

„Eowyn?"

„Ich bitte dich. Ein Mädchen? Dann lieber ein Baum", lacht Björn.

„Alter, das ist super sexistisch!", sage ich.

„Nee, das ist pro Bäume."

„Ja, ist klar. Mit so einem Spruch wirst du auch bei den Grünen nicht gerade punkten. 20 Kronen, wenn du dir ‚Eine Frau? Dann lieber ein Baum' als Shirt druckst und damit zu unserer nächsten Klima-Demo gehst."

„Na okay. Dann vielleicht Théoden?", schlägt Björn schnell vor.

„Als Linksverteidiger? Das ist eines Königs nicht würdig", protestiere ich.

„Was sagtest du noch mal, wer früher links gespielt hat?", fragt Björn.

„Na ja. Lahm zum Beispiel."

„Also doch Baumbart!"

„Nee, der heißt nur Lahm, war aber flinker als Baumbart."

„Und was konnte der sonst so?", setzt Björn nach.

Ich überlege.

„Na ja, wie gesagt, er konnte problemlos auf beiden Seiten spielen und ..."

Björn nickt. „Grima Schlangenzunge!"

Kurz starre ich Björn an.

„Wer sonst?", sage ich und nicke anerkennend.

„Wer sonst?", äfft mich Vänni nach, nickt dabei jedoch eher wie ein Wackelkopfhund, den die ganz großen Spaßvögel unserer Spezies auf ihrem Armaturenbrett befestigen. Wenn schon eine Wackelfigur, dann würde ich da doch lieber einen coolen Charakter wie ... ach, lassen wir das.

SPORTFEST

Sportfest. Ein widerliches Wort.

Dieses Sportfest ist mein erstes Sportfest als Lehrer.

Damit habe ich an genauso vielen Sportfesten teilgenommen wie als Schüler.

Mein sportliches Engagement haben sich wohl einige meiner Kinder zum Vorbild genommen.

„So, Jenni zählt mal laut durch. Keine Angst, so wie ich das sehe, bleibt es einstellig."

„Eins, zwei, drei, vier, fünf ...", fängt Jenni an zu zählen, „och Malte, nicht bewegen, jetzt muss ich noch mal von vorn anfangen, Herr Svensson."

Ich bin mir sicher, dass selbst Björn einen größeren Bewegungsradius als Malte besitzt und Jenni nur einen Vorwand suchte, um nicht über die Zahl Sieben hinaus zählen zu müssen.

Übrigens gibt es eine gute Erklärung, warum Malte als einer der wenigen beim Sportfest erschienen ist.

Er war schlicht zu faul, um krank zu spielen.

Seine Mutter meinte, dass er beim Frühstück anfing zu erzählen, dass es ihm nicht gut ginge. Sie fragte daraufhin, was er denn habe, denn er aß ganz normal.

Zumindest, wenn man die Portionsgröße eines ausgewachsenen Blauwals als normal empfindet.

Als ihm dann endlich eine gute Antwort auf die Frage seiner Mutter einfiel, saßen sie bereits im Auto auf dem Weg zum Sportplatz.

„Kopf", sagte er zufrieden auf dem Rücksitz.

Seine Mutter war erst skeptisch, doch als er dann völlig aus dem Zusammenhang erzählte, dass er auch schon einmal Ziegen gestreichelt habe, machte sie sich schon Sorgen.

Ich versprach ihr daraufhin, auf ihren kleinen ‚Herzbuben' aufzupassen.

„Alles klar, Jenni. Ich zähle noch mal selbst. Jenni eins, Malte zwei, Ida drei, Jonas vier, Paulchen fünf, Moritz sechs, Kathi sieben, Sarah acht."

Ronja, Maja, Arne, Lisa, Finja und Eiki fehlen übrigens allesamt wegen einer schlimmen Erkältung, die so plötzlich gekommen ist, wie sie wahrscheinlich auch wieder gehen wird.

Ich schicke die Kinder zum Rennen übers Feld.

Nach einem ersten Warmmachen steht dann auch schon die erste Disziplin an: Tauziehen.

Die Klasse 1B ist leicht geschlagen.

Denen fehlt einfach so ein Malte oder ein ordentlicher Wadenbeißer. Paulchen, Moritz, Jonas, Jenni und hinten Malte als Fels in der Brandung sorgen für klare Verhältnisse.

Spannender ist schon der Kampf gegen die 1A.

Gleichzeitig kommt es hier nämlich zum Duell der beiden einzigen männlichen Lehrer der Schule, Ole Svensson und Fredrik Rasmussen.

Ein erbitterter Kampf um die Vormachtstellung, über den die Menschen in Hunderten von Jahren noch ihre Lieder singen werden.

Jeder stellt erneut fünf Leute auf, die dann gemeinsam an einem Strang ziehen, höhö.

Fredrik hat mit Knut ebenfalls einen Malte in seinen Reihen, meine anderen drei Jungen sind ihren Gegnern auch ebenbürtig.

Jenni aber hat im Vergleich mit der Metzgerstochter Timna keine Chance.

„Ich werde noch einmal komplett rotieren, damit jeder einmal darf", sage ich und lasse meinen Worten Taten folgen.

Sarah, die kleine Ida und auch Kathi kommen neu ins Team.

Paulchen, Jonas und Moritz gehen heraus.

Die drei sportlichsten Jungs der Klasse gegen drei schmächtige kleine Mädchen ausgetauscht – Fredrik Rasmussen ist sich dem Sieg nun sicher.

Ich stelle die kleine Ida ganz hinten auf, davor Kathi, dann unseren Fels Malte und Sarah an die Front! Nun sind die Zuschauer vom Sieg der 1A vollends überzeugt.

„Und los", brüllt Schiedsrichterin Småland.

Alle stürzen sich sofort aufs Seil und ziehen aus Leibeskräften.

Die 1A jedoch zieht stärker.

Dann geschieht Seltsames. Der Wendepunkt!

„Igitt", ruft Timna, lässt das Seil los und fällt benommen zur Seite.

Die fehlende Timna auf der Gegenseite ebnet mir und der 1c den schlussendlichen Sieg.

Fredrik Rasmussen schäumt vor Wut.

Mit großen Schritten steuert er nach der Ehrung auf mich zu.

„Was hast du mit meiner Timna gemacht?", zischt er bedrohlich, aber in so leisem Ton, dass nur ich es hören kann.

„Na, na, sei doch kein schlechter Verlierer", sage ich, aber in so lautem Ton, dass es wirklich jeder hören kann.

„Komm schon", flüstert er. „Mir kannst du nichts vormachen! Wir wissen doch beide, dass du geschummelt hast. Mit der Truppe konntest du gar nicht gewinnen."

„Kläre das mit der Schiedsrichterin, Fredrik", erwidere ich freundlich.

Fredrik Rasmussen guckt zu Schiedsrichterin Småland, der ehemaligen Hammerwurf-Stadtmeisterin von Lilleholm.

„Bei den anderen Wettbewerben werdet ihr nicht so viel Glück haben, Svensson!", sagt er noch abschließend und stampft zu seiner Klasse zurück.

„Sehr gut, Kinder", lobe ich meine stolzen Kämpferinnen und Kämpfer. „Ich hoffe, dass ihr jetzt seht, wie gut es ist, Sarah in unserer Klasse zu haben!"

„Sarah?", fragt Paulchen ungläubig.

Ich nicke.

Die chemischen Waffen von Sarah haben schließlich die bullige Timna außer Gefecht gesetzt und uns so zum Sieg geführt.

„Wow, wirklich? Ich dachte, weil Malte weiter vorne stand", sagt Moritz.

„Nein, nein. Eigentlich ist es sogar cleverer, jemand Kräftigen wie Malte hinten zu haben."

Malte hatte jedoch Schnupfen und daher einen gewissen Vorteil.

Die Kinder überlegen kurz, dann nicken sie verständnisvoll.

Sie kommen und klopfen Sarah auf die Schulter – selbst Paulchen – und ich sehe Sarah zum ersten Mal wirklich richtig lächeln. Sie wirkt in dem Moment wie eine Sonne, die dunkelgrüne Wolken durchbricht.

Viel größer als der Sieg wiegt für mich die plötzliche Erkenntnis, dass es nicht ausreicht, die Persönlichkeit dieses wunderbaren Kindes so stark auf ihr olfaktorisches Äußeres zu reduzieren. Das glaubt mir doch niemand, dass ich mich ausgerechnet mal bei einem Sportfest menschlich weiterentwickeln würde.

Angestachelt vom neuen Teamgeist lässt die Klasse 1c auch in den anderen Wettbewerben nichts mehr anbrennen und Jonas, Paulchen und Moritz brechen einen Schulrekord nach dem anderen.

Jenni stellt einen neuen Rekord bei den Mädchen im Weitsprung auf und auch Jonas kann im Weitsprung der Jungen noch rechtzeitig einen Erfolg verbuchen, bevor ihm plötzlich ein Ball an den Kopf donnert.

Aus heiterem Himmel! Das erzähle ich jedenfalls Jonas Mutter, als sie ihn abholen kommt. Ich selbst hatte es tatsächlich gar nicht mitbekommen, da ich gerade angestrengt an der Wurfanlage zugange war. Der Wind stand da aber auch gerade doof.

BJÖRN, DER SUPPENKASPER

Björn hat gekocht.

Und wenn Björn kocht, bedeutet das, dass es Tütensuppe gibt.

Misstrauisch blicke ich auf meinen Löffel, der nach dem ersten Kontakt zur Suppe zu schmelzen beginnt.

„Musste pusten", meint Björn.

„Du, wenn die Leute so eine heiße Suppe damals auf der Titanic gehabt hätten, wäre DiCaprio nicht gestorben ..."

Björn hört mir gar nicht zu.

Er wendet seine Hände hin und her.

„Wenn du durch einen Fluch eine dicke Hand hättest – würdest du dann wollen, dass die andere Hand auch so dick ist?", philosophiert er laut.

Ich habe längst aufgegeben, darüber nachzudenken, wie Björn immer auf so einen Schwachsinn kommt.

„Wie dick wäre denn die Hand?", frage ich stattdessen.

Björn guckt mich grimmig an.

Er hasst es, wenn seine Überlegungen weitere Details verlangen.

„Sehr dick!", sagt er mürrisch.

„Dann lieber nicht."

„Das sieht doch komisch aus!", meint Björn.

„Schon. Aber ich muss ja irgendwie noch ein Sektglas halten können."

„Du bist Grundschullehrer, kein Chef der Liberalen", wirft Björn ein.

„Ja. Gut, dann brauch ich die Hand eben für die Fernbedienung."

Björn nickt. „Leuchtet ein."

Er dreht seine Finger erneut.

Verstohlen blickt er zu mir herüber.

„Was denn?", frage ich.

„Und welche Hand würdest du dann beim Armdrücken nehmen?"

„Ach, keine Ahnung. Aber weißt du, was erstaunlich ist? Trotz deines Gelabers dampft die Suppe immer noch", entgegne ich frustriert.

Das wird wieder Strom kosten, denke ich, als ich mit Ofenhandschuhen den heißen Teller in den Kühlschrank stellen möchte.

Doch zum Glück findet sich noch ein ‚FruchtZwerge'-Selbstmacheis, das meine Tomatensuppe ein wenig kühlt.

„Hey, die sollte es erst zum Nachtisch geben", ruft Björn aufgebracht.

Ich zucke die Schultern.

„Im Magen kommt eh alles zusammen."

„Wirklich?", fragt Björn.

„Keine Ahnung. Heiße ich Darwin?", kontere ich kühl.

„Öhm ... Darwin hat nichts mit der Ernährung zu tun, sondern mit der Evolutionstheorie", korrigiert mich Björn.

„Handy aus am Esstisch!", rufe ich.

„Wir essen ja nicht mal", wendet Björn ein.

„Ja, weil du das Essen verbrüht hast."

„Steht ja auch vorne drauf: Klare Tomatenbrühe", wendet Björn erneut ein.

„Das ist so schlecht, das kann ich beinahe nicht in mein Buch schreiben!"

„Beinahe oder Beinnahe?", gluckst Björn und deutet auf seine weißen Unterschenkel.

„Oh, Mann. Musst du noch so einen loswerden? Dann bitte jetzt, sonst nie wieder", sage ich entnervt.

„Hmm, nee, hab keinen mehr."

Endlich mal etwas Positives an diesem Abend.

„Und nun?", fragt Björn.

„Keine Ahnung", sage ich. „Ich gebe dir zehn Kronen, wenn du jetzt einen Löffel von der Suppe nimmst."

Björn grinst.

Kopfschüttelnd sehe ich Björn dabei zu, wie er sich auf dem Boden hin und her wälzt und so laut schreit, dass die Nachbarn von unten gegen die Decke klopfen.

Ist ja nicht so, als wäre das vorher klar gewesen. Die Suppe von Björn hat schließlich noch so stark gequalmt, dass der Flugverkehr hätte eingestellt werden müssen, wenn wir die Fenster geöffnet hätten. Wie bei dem Vulkanausbruch in Island damals.

„Wasser", krächzt Björn.

„Gerne", sage ich und halte ihm die Flasche vor die Augen. „Das macht dann aber zehn Kronen!"

HORIZONTALPOLKA IM OBERGESCHOSS

Heute ist einer jener Tage, an dem ich dasitze und einfach nicht mehr weiß, was ich noch schreiben soll.

Viele Dinge, die ich schreibe, wiederholen sich schlichtweg beim Schreiben und dann ist das Geschriebene auch noch redundant. Gar nicht so leicht, das mit der Schreiberei.

Die Leute um mich herum sind aber auch einfach uninspiriert. Zum

Beispiel Björn, der erneut ohne Erfolg versucht hat, Tütensuppe zu kochen.

Diesmal erhöhte die Suppentemperatur das Erdklima zwar nicht um 2° Celsius, nein, dieses Mal hat er es tatsächlich geschafft, dass man die Suppe nur mit Gabel und Messer essen kann. Aber Björn ist auch der einzige Mensch, der es hinbekommt, beim Bowling null Pins umzuwerfen, obwohl wir Jungs seinetwegen jedes Mal extra mit Bande spielen.

Wie jeden Tag demonstriert unser Nachbar von oben lautstark, dass er seine Frau auch nach dreißig Jahren Ehe noch liebt.

Seine Frau spielt leider mit.

Es gibt nun vielerlei Möglichkeiten, mit so einer Situation umzugehen.

Nummer 1 – Die Flucht: Wichtige Einkäufe erledigen. Mit dem Hund raus, den man nicht hat. Sich so weit wie möglich entfernen.

Nummer 2 – Das Übertönen: Kopfhörer auf, Musik laut aufgedreht. Auch der Staubsauger ist eine Option, aber bei dem Staub in unserer Wohnung können die Nachbarn von oben theoretisch, also wirklich nur theoretisch, das Kamasutra der Nachkriegszeit und das von heute durcharbeiten, dabei ihre drei liebsten Stellungen je zehnmal wiederholen, bis ich dann endlich im Badezimmer fertig bin.

Mit dem Staubsaugen von Björns Zahnbürste.

Kommen wir zu Nummer 3 – Selbst liebesaktiv werden: Im besten Falle eine beliebige Bekanntschaft aus dem Nummernspeicher aussuchen, gleich Klartext sprechen, für sofort verabreden und los geht es. Im Falle eines Björns würde man eine Nummer aussuchen, feststellen, dass diese nicht mehr aktuell ist und dann den säuselnden Worten der Mobilboxfrau lauschen. Geht auch, wenn man die Lautstärke hochdreht.

Ich, der einst Musik studiert hat, empfehle Variante 4 – Die musikwissenschaftliche Liebesspiel-Analyse: Man nehme Zettel und Stift zur Hand und sperre die Lauscher auf!

Das Ganze findet zunächst in der Sonatenhauptsatzform statt.

Die Einleitung, die Exposition, dann die Durchführung, gerne spannungsgewaltig, und schlussendlich die Reprise, die Beruhigung.

Unsere Einleitung ist eher dürftig, von Vorspiel hält unser Freund nicht viel.

Der Liebesakt beginnt bei ihm dafür gleich im Forte und das wird auch bis zum Schluss durchgezogen. Dort erfährt er noch einmal ein kurzes Crescendo, dann ist endgültig Ruhe.

Interessanterweise ist bei unserem Freund aber Lautstärke unabhängig vom Tempo und so geht es bei einem gemütlichen Andante los.

Ab und zu werden kleine Akzente gesetzt, Tempiwechsel, je nach Lust und Kraft des Casanovas. Unser Flötist ist schließlich schon um die 50 Jahre alt.

Bei der Durchführung kommt nun auch unsere Freundin zum Einsatz.

Musiktypisch kommt es hier nun zum Themenkonflikt. Unsere Freundin scheint unzufrieden mit der Arbeit ihres Gatten und möchte mehr ihre Vorstellungen des Konzerts durchbringen. Ein wilder Kampf um den Platz an der Sonne, musikalisch toll umgesetzt, wenn auch unästhetisch und moralisch verwerflich.

Dann das große Finale.

Die Frau applaudiert, wenn auch nur aus Höflichkeit.

Unser Freund ist zufrieden.

Die Nachbarn nun auch wieder.

Und Björn wird wieder eine saftige Telefonrechnung haben.

THE INVISIBLE

„... weswegen man Gänseblümchen und Margerite gut voneinander trennen kann."

Die Kinder liegen auf ihren Bänken, kritzeln, testen die Kaugummis der letzten zwanzig Jahre auf ihre Klebfestigkeit, bohren in ihren Nasen, bohren ein Loch in ihr Frühstücksbrot, bohren ein Loch in das Frühstücksbrot der anderen Kinder, bohren in der Nase der anderen Kinder. Keiner möchte heute an meinem wertvollen Unterricht teilhaben.

„Ach kommt schon. Ist doch voll interessant!", lüge ich die Klasse an.

Aber mir hört keiner zu.

„Hallo. Hallooooooooooooho. Haaaaaaaalloo. Hallohallo. Ollah. Hey. Hi. Servus. Grüß Gott. Tach. Salve. Moin. Hello. Bonjour. Goedendag. Hello from the otherside."

Keiner sieht oder hört mich.

Wie in dem Film ‚Stadt der Engel'.

Nicht, dass ich diesen kitschigen Liebesfilm je gesehen hätte. Ich vermute nur, dass das da genauso gewesen sein könnte. Ich stelle mir dabei vor, dass es da so um schwarz gekleidete Engel gehen könnte, die sich unsichtbar unter die Menschen tummeln, bis sich irgendwann einer von ihnen, der von Nicholas Cage gespielt wird, einer Herzchirurgin zeigt, die vermutlich Maggie Rice heißt und vermutlich von Meg Ryan dargestellt wird. Die dann von ihrem Kollegen Jordan einen Heiratsantrag bekommt und diesem zunächst noch eine Chance gibt, doch später bemerkt, dass sie eigentlich Seth, also Nicholas Cage, liebt.

Aber wie bereits gesagt, den Film selbst kenne ich nicht. Den gucken doch nur Loser, die in ihrer Studienzeit im Psychologie-Seminar von Alma Löck einen Korb bekommen haben und sich, ohne jegliche Selbstachtung, am Abend darauf mit einer großen Tafel Schokolade und eben diesem Film heulend im Bett verkrochen haben.

Das machen nur absolut lächerliche Leute, wenn ihr mich fragt. Besonders, wenn man weiß, wie blöd Alma in den letzten zwei Jahren geworden ist. Von ihrem dummen Typen und ihren zwei doofen Kindern mal ganz zu schweigen.

Jedenfalls stehe ich nun vor der Klasse und weiß nicht, was zu tun ist.

Zunächst will ich nun herausfinden, ob meine Kinder nicht zuhören wollen oder nicht zuhören können. Ich versuche es mit einem meiner Lieblingswitze.

„Warum kann ein Bagger nicht schwimmen?“, frage ich. „Weil er nur einen Arm hat.“

Niemand lacht. Und das kann nun WIRKLICH NICHT an dem Witz liegen.

„Kinder, die Schule wird mit sofortiger Wirkung geschlossen“, fahre ich fort.

Immer noch keine Reaktion.

„Weil ... die Kammer des Schreckens geöffnet wurde.“

Irgendwann akzeptiere ich meine Machtlosigkeit und erzähle den Kindern die folgenden Minuten ein paar anrüchige Anekdoten über Alma Löck und spiele ziemlich unangemessen einen Tourette-Erkrankten nach und rülpse das Vater Unser.

Dann endlich klingelt es.

Völlig niedergeschlagen lasse ich mich auf meinen Stuhl nieder.

Ist mein Unterricht tatsächlich so miserabel?

Ich gucke auf meine Klasse. Doch niemand macht Anstalten, seine Sachen einzupacken oder aus dem Klassenzimmer zu huschen. Stattdessen starren sie mich alle gebannt an.

Es ist auch auf einmal mucksmäuschenstill.

Und dann bemerke ich erst, dass ich die ganze Frühstückspause lang Unterricht gehalten habe und mir darum logischerweise niemand zugehört hat. Na ja, ist vielleicht auch besser so, dass niemand – Arne meldet sich.

„Ja, Arne?“

„Was ist die Kammer des Schreckens? Und was ist eine vollgeschissene Arschsemmel?“

Ach, manchmal wäre ich dann doch gerne unsichtbar wie Seth.

FASCHINGSNACHWEHEN

„Erinnerst du dich noch an Fasching vor drei Wochen?", fragt Björn.

„Ja, ich wurde erst heute wieder daran erinnert. Malte kam heute mit leichter Verspätung in seinem Cowboy-Kostüm in die Schule."

„Spätzünder", schnaubt Björn verächtlich, während er sich die Schnürsenkel seiner Chucks aufschneidet, weil er den Knoten nicht aufbekommt.

„Wieso fragst du eigentlich?"

„Wieso frage ich was?", fragt Björn dümmlich.

„Mit dem Fasching, du Holzkopf."

„Ach so", sagt Björn.

Ich warte. Vergebens.

Björn steht auf, nimmt sich ein Sektglas und füllt es mit Leitungswasser.

„Welch edler Tropfen, gibt es etwas zu feiern?", ulke ich.

„Wenn du den Satz in dein Buch schreibst, wähle bitte ein anderes Wort als ‚frohlocken' oder ‚ulken'", bittet mich Björn.

„Ich kann schreiben, was ich möchte", frohlocke ich.

„Wie auch immer", meint Björn. „Jedenfalls wollte ich wegen Fasching mit dir noch einmal reden."

„Fasching ist auch irgendwie so ein komisches Wort", sinniere ich. „Klingt eigentlich eher wie ein Feiertag der rechten Alternative der Lilleholm-Partei."

Björn zuckt die Schultern und nimmt einen kräftigen Schluck Leitungswasser.

„Wollte eigentlich auf etwas anderes hinaus", meint er.

„Okay. Ich höre?", frage ich.

„Weiß ich doch nicht."

„Was weißt du nicht?", frage ich.

„Ob du hörst", antwortet Björn.

Ich verdrehe die Augen.

„Sag jetzt an, was mit Fasching ist."
„Ach so. Also Vännis Kostüm ..."
„Die Plüschmaus", ulke ich frohlockend.
Was sein muss, muss sein.
„Jaaa. Genau. Ich fürchte, das hat Vänni einen neuen Rückschlag verpasst. Ich war neulich bei ihr drüben und ich meine, ich esse auch gerne Käse, aber ..."
„Okay, ich verstehe ..."
„Heute Morgen dann habe ich gesehen, wie sie in eine dunkle Ecke gerannt ist und weißt du warum, Ole?"
„Habt ihr wieder Verstecken im Hausflur gespielt?", frage ich genervt.
„Nee. Sie hat eine Katze gesehen."
Ich schaue Björn an.
„Dann sollte ich mit ihr zum Arzt."
„Vergiss deine Flöte nicht, Rattenfänger von Hameln", sagt Björn.
„Rattenfänger von Lilleholm", verbessere ich und wische mir mit einem Taschentuch über mein Gesicht. „Und vergiss du lieber nicht, dass man nicht trinken und gleichzeitig reden kann!"

EIN MÄUSCHEN BEI MAGNUS HUSS

Björn steht in seinem Schlafanzug am Fenster und brüllt mit erhobener Faust die gesamte Nachbarschaft zusammen.
„Ey, wer bohrt denn hier um diese Uhrzeit? Es gibt Leute, die wollen am Samstag auch einmal ausschlafen!"
Ich verdrehe die Augen.

„Björn, es ist sechzehn Uhr."

Björn nickt.

„Mein Reden."

Ich zucke die Schultern.

„Für so etwas habe ich jetzt leider keine Zeit, ich muss los. Habe einen Arzttermin für Vänni organisiert", sage ich.

„Ah, schön. Zu welchem Arzt geht ihr denn?", fragt Björn. „Zum Tierarzt?"

„Der war böse", erwidere ich.

„Na schön", meint Björn. „Ich werde mich dann jetzt noch einmal ins Bett legen. Hilft ja nichts."

„Dabei hättest du Hilfe dringend mal nötig, Dornröschen."

Eine halbe Stunde später sitzen Vänni und ich im Wartezimmer der Magnus-Huss-Klinik. Hier gibt es Fachpersonal und Therapieangebote aus allen Bereichen. Der Namensgeber, der übrigens aus Schweden kommt, war der erste Mensch, der Alkoholismus als Krankheit erkannte. Das steht jedenfalls auf dem Zettel an der Pinnwand. Beim näheren Betrachten ist das jedoch nur ein ausgedruckter Wikipedia-Artikel, bei dem nicht einmal der blaue Hyperlink entfernt wurde.

Ich hoffe, dass der Beitrag von Wikipedia nicht der einzige Anlass war, das Krankenhaus nach Magnus Huss zu benennen.

Mein Blick fällt auf Vänni, die sich gerade ausgiebig putzt.

An sich kann ich dieses Verhalten nur zu gut nachvollziehen.

Nun, da ich das erste Mal beim Arzt bin, ohne selbst krank zu sein, frage ich mich, wie ich jemals die medizinischen Fachzeitschriften lesen konnte, die ja eigentlich ausschließlich kranke Menschen angefasst haben.

Neben mir sitzt ein etwas älterer Mann, so um die einhundertfünfzig Jahre alt, und atmet in der Lautstärke eines Rammstein-Konzertes.

Bei jedem Atemzug zuckt Vänni zusammen, dann stellt sie sich auf die Fersen und lauscht neugierig.

Eine junge Frau, die mir gegenübersitzt, zwinkert mir zu.

Ich wünschte mir, dass das auch Frauen ohne sichtbare allergische Reaktionen tun würden. Ihr ganzes Gesicht ist voller Pusteln.

Sieht ziemlich schmerzhaft aus.

Nach einiger Zeit wird die arme Frau zum Glück aufgerufen und dann kommt auch gleich eine Schwester, um sie abzuholen.

„Na, dann wollen wir mal gucken, ob wir etwas gegen Ihre Hüftbeschwerden unternehmen können", meint sie nur.

Als endlich Vänni aufgerufen wird, muss ich zu meiner Enttäuschung im Wartezimmer sitzen bleiben.

Mir gegenüber sitzen drei ältere Damen.

Die erste Dame ist ungefähr siebzig Jahre alt, die zweite Dame hat definitiv beide Weltkriege miterlebt und die dritte Dame könnte in einer Dokumentation über die Steinkohlezeit als Zeitzeugin auftreten.

„Hallo", grüße ich knapp, aber freundlich.

„Was?", krächzt die erste Dame.

„Hallo", wiederhole ich etwas lauter.

„Was?", krächzt Dame zwei, während mich Dame eins auffordert, nicht so laut zu schreien.

„Hallo", wiederhole ich noch einmal etwas lauter.

„Hrnk?", krächzt Dame drei, während sich Dame eins die Ohren zuhält und Dame zwei mich auffordert, nicht so laut zu schreien.

Die anderen Patienten im Wartezimmer starren mich gespannt an.

Mir egal. Ich muss nicht wissen, wie die Damen auf mein nächstes ‚Hallo' reagieren würden. Stattdessen lehne ich mich entspannt zurück.

„Das muss ich mir nicht geben", flüstere ich leise.

„Das muss er sich nicht geben, hast du gehört?", meckert Dame eins plötzlich.

„Natürlich, habe ich das gehört, ich bin ja nicht schwerhörig!", meckert Dame zwei. „Wirklich eine Unverschämtheit, diese Jugend von heute."

„Hrnk!", lästert Dame drei.

„Was?“, sage ich völlig perplex.

„Das heißt ‚Wie bitte?‘!“, verbessern mich Dame eins und zwei energisch.

In dem Moment kommt Vänni, die scheinbar von ihrer Mäusepersönlichkeit befreit wurde.

Während wir zum Auto gehen, fragt mich Vänni, wie es im Wartezimmer gewesen sei.

Es war fantastisch. Es gibt tatsächlich Menschen, für die ich noch zur Jugend von heute gehöre.

DIMORPHISMUS

Carolina war mit Kathi die letzten zwei Wochen zur Kur und morgen kommt sie endlich wieder.

Das bedeutet für mich: Bye, bye Neandertalerlook!

Alle Singles, die aktuell keine bessere Hälfte in Aussicht haben, kennen das! Man kümmert sich um das eigene Aussehen nur insoweit, als man sich noch halbwegs wohlfühlt und die Menschen nicht angewidert an einem vorbeigehen.

Ist man allerdings in der Datingphase, sucht man plötzlich nach dem Dreck unter den abgeknabberten Fingernägeln.

Sobald die gedatete Person dann mal länger auf Reise ist, scheinen solche Typen wie ich das Thema Körperpflege nur noch stiefmütterlich zu behandeln und wir lassen uns schlimmer gehen als je zuvor.

So schlimm, dass selbst der personifizierte Struwwelpeter Björn mich nur noch mit ‚Rasputin‘ anspricht.

Doch jetzt muss der Bart ab.

„Eigentlich war das nicht so gedacht“, jammere ich.

„Hmm?“, fragt Björn.

Der alte Einzeller backt gerade einige seiner scheußlichen Törtchen und vermag dabei nicht, gleichzeitig mit seinen Lippen Worte zu bilden.

„Na ja, eigentlich sollte ja ein großer Bart bei den Frauen gut ankommen – von wegen mehr Bartwuchs, mehr männlich."

„Hmm?", fragt Björn.

„Warum Frauen keinen solch vollen Bart haben? Na ja, weil sie nicht so viel Testosteron haben wie Männer."

„Hmm!", sagt Björn besserwisserisch.

„Stimmt, Sexualdimorphismus heißt das. Danke. Mir gerade nicht eingefallen."

„Hmm."

„Ja, klar! Es gibt in Wahrheit nicht nur diese zwei Schubladen ‚Mann' und ‚Frau'. Nicht nur auf biologischer Ebene, sondern gerade auch hinsichtlich des sozialen Geschlechts existiert ein bunter breiter Fächer. Hast du gut formuliert."

„Hmm."

„Ja, es ist trotz aller Fortschritte in der Gesellschaft doch eher noch ein sehr schiefer, patriarchalischer Fächer."

„Hmm."

„Ich weiß! Eigentlich müsste ich hier auch mal in meinem Buch konsequent gendern. Mach ich ja schließlich sonst auch immer. Aber außer mir liest das Buch hier wahrscheinlich eh niemand. Und wenn doch, ist das Gendersternchen in ein paar Jahren eventuell eh nicht mehr zeitgemäß und dann kann ich es nicht mehr verbessern."

„Hmm."

„Ach, was heißt hier Rechtfertigung? Jetzt hör schon auf", sage ich genervt.

Ich verlasse das Küchenzimmer und gehe ins Bad.

Dann sehe ich mich um.

„Was macht hier eigentlich die Schlagsahne und wo ist der Rasierschaum?", rufe ich.

Björn schreit erschrocken auf und entfernt schnell die obere Schicht seiner Törtchen.

Verstehe ich nicht.

„Na ja, dann halt heute Trockenrasur“, meine ich achselzuckend.

Zunächst sind die Barthaare zu lang für den Apparat, daher probiere ich es vorneweg mit verschiedenen anderen Trimmgeräten. Küchenschere, Küchenmesser, Drahtzieher. Alles ohne Erfolg. Mein Blick fällt auf den Reißwolf. Aber ich entscheide mich schließlich für die humanere Methode – die Flex. Was sich bereits jetzt im Waschbecken wiederfindet, würde reichen, um ein Pelzwarengeschäft zu eröffnen. Mein Rasierapparat soll nun für Feinschliff sorgen und ich beginne an meiner rechten Seite am Ohr und kämpfe mich Stück für Stück voran. Plötzlich wird der Akku immer schwächer und mein All-in-One-Galacticos-Super-Hyper-Fusion-Power-Platin-Edition-Series-9 ¾-Rasierer verstummt. Und all der beigefügte Schnickschnack von Mikrokamm über den dreiköpfigen Ersatzscherenkopf in Grün-Metallic, handgearbeitet von Kindern in Indien, mit Liebe in jeder Masche und Blut in jeder Fuge, nützt mir gar nichts mehr, weil bei all dem Konsumwahn ironischerweise ein Ladegerät vergessen wurde.

Ich schaue in den Spiegel und sehe, wie eine Hälfte meines Gesichts noch ziemlich behaart ist.

„Scheiße“, sage ich nüchtern.

„Ah okay, dann geh du halt zuerst“, mault Björn, der gerade ins Bad gekommen ist und auf dem Absatz kehrt in die Küche macht.

Ich untersuche meinen Gesichtsdimorphismus, indem ich mir abwechselnd eine Hälfte mit der Hand zuhalte.

Mit Bart sehe ich aus wie vierzig und ohne sehe ich aus wie zwölf. Hey, so könnte ich auf YouTube bestimmt ganz allein ein cooles Musikcover-Duett von Cat Stevens ‚Father and Son‘ hinlegen.

Alle paar Stunden scheint der Akku sich dann aber doch noch kurz für ein paar Minuten aufzuraffen, sodass mein Gesicht nach und nach ebenmäßig glatt wird.

In der Zwischenzeit spiele ich mit Björn einige Lieblingsszenen aus Batman nach, wobei ziemlich früh klar ist, dass ich diesmal die Rolle des ‚Two Face‘ übernehme.

WENN DIE ROSAROTE BRILLE BESCHLÄGT

Ich warte auf dem Bahnhof auf Carolina. Da erspähe ich sie am Gleis. Sie kommt auf mich zu. Sie sieht umwerfend aus, wie immer.

Wir setzen uns in ein Café und ich lasse mich von nicht so spannenden Kurortgeschichten berieseln. Aber wenn man verliebt ist, hört man meistens eh nicht richtig zu, sondern hängt verträumt an den sich bewegenden Lippen.

Bis plötzlich der Name ihres Ex-Freundes fällt.

„Wie bitte?“, frage ich und verbrühe mich fast am Kakao.

„Ja, ist das nicht ein toller Zufall, den Nils getroffen zu haben?“

Ich weiß nicht, was daran so toll sein soll. Und an einen Zufall kann ich eigentlich auch nicht recht glauben.

„Ganz großartig“, stimme ich ihr trocken zu.

„Ja. Nils sah großartig aus. Und einen schönen Bart hat er sich wachsen lassen. Warum lässt du dir eigentlich keinen Bart wachsen?“

Irgendetwas in mir beginnt zu zerbrechen.

„Alles gut?“, fragt Carolina besorgt.

„Alles bestens“, lächele ich.

„Na, dann ist ja prima. Übrigens ...“

Während sie redet, fallen mir Björns Worte ein und plötzlich beginne auch ich Carolinas mächtiges Ziegelsteinkinn zu sehen. Ich will das jedoch nicht wahrhaben und versuche mich stattdessen auf ihren Monolog zu konzentrieren. Doch es hilft nichts, es scheint eher, als würde sie selbst mich immer wieder darauf aufmerksam machen wollen.

„Na ja, so eine Vater-Mutter-Kinn-Kur ist ja auch nicht schlecht ...“

„Wie?“

„... da war eine alte Frau, die hatte Parkinnson ...“

„Bitte?“

„... an dem Tag ging es vor allem um Kinnetik ...“

„Huch?“

„Eigentlich macht das ja null Kinn …“

„Wie bitte?“, frage ich.

„Eigentlich macht das ja null Sinn“, wiederholt Carolina und legt ihren Kopf schief.

Der Ziegelstein hängt nun diagonal.

„Was ist denn heute nur mit dir los, Ole?“

„Tut mir leid. Ich habe mich nur gerade gefragt, ob dein Lieblingstier wohl ein Mauersegler sei“, gebe ich ihr als Antwort.

„Wie bitte?“, fragt Carolina verwirrt. „Was redest du denn da?“

„Ach, weißt du was? Ich hab die Milch im Kühlschrank vergessen!“, erzähle ich und verschwinde so schnell wie möglich.

Als ich erzürnt Björn von dem Vorfall berichtet, reagiert er überrascht.

Er hätte eigentlich nur behauptet, dass Carolina ein mächtiges Kinn hätte, um mich ein bisschen zu ärgern. An Carolinas Aussehen sei aber in Wahrheit nichts auszusetzen. Oha. Hatte ich mich da in blinder Eifersucht verrannt? Am Abend rufe ich Carolina an und entschuldige mich für meinen plötzlichen Abgang.

SO ETWAS WIE MATHEMATIK

Ich stehe verzweifelt vor meiner Klasse.

„Okay, anderes Beispiel. Malte, du hast fünf Äpfel, Maja und Finja schenken dir jeweils zwei weitere Äpfel dazu. Was hast du dann?“

„Immer noch Hunger“, jammert Malte.

„Kann ihm jemand anderes vielleicht helfen?“, frage ich und gucke dabei zu Arne, der am besten im Kopfrechnen ist.

Arne nickt, holt sein Frühstücksbrot und reicht es Malte.

Noch ehe ich das Missverständnis aufklären kann, ist das Frühstücksbrot verspeist.

„Die Lösung wäre 9 Äpfel gewesen“, seufze ich.

Die Kinder schreiben eifrig mit. Da sie allerdings die Aufgabe nicht mitgeschrieben haben, steht in ihren Matheheften jetzt nur ‚9 Äpfel‘.

Da kann man nur froh sein, dass die kleine Ida ihren Bleistift wie immer verkehrt herum hält.

Lisa meldet sich.

„Ja, Lisa?“

„Hab‘s vergessen.“

„Macht nichts“, sage ich liebevoll. „Vermutlich besser so.“

Ich sehe, wie Eiki gerade in der letzten Reihe interessiert den Popel begutachtet, den er sich kurz zuvor aus der Nase geangelt hat.

Da ich merke, dass der Frontalunterricht heute nicht zündet, lasse ich die Kinder an den Uhrschablonen herumwerkeln.

Ida meldet sich.

„Herr Svensson, warum ist der eine Zeiger eigentlich kleiner als der andere Zeiger? Ist der das Baby von dem?“, piepst sie verzückt.

„Nein, Ida. Die sind nur unterschiedlich groß, damit man sie besser voneinander unterscheiden kann. Der kleine Zeiger zeigt die Stunden, der große Zeiger zeigt die Minuten.“

„Scheiße“, denke ich. Vier Mal etwas mit dem Wortstamm von ‚zeigen‘ in einem Satz.

In der Zwischenzeit fahren alle Kinder mit ihren Zeigern im Kreis herum. Irgendwann merken die meisten ja, dass dieses Spiel dann doch nicht so spannend ist. Meine Klasse nicht.

Paulchen, Moritz und Jonas wetteifern in der Geschwindigkeit des Drehens, während der schwerfällige Malte auf den tatsächlichen Minuten- und Stundentakt zu setzen scheint.

„So, ihr sprecht euch jetzt mal mit euren Nachbarn ab, und zeigt mir dann mal, wie die Uhr um halb 5 aussehen würde.“

Nach und nach heben die Kinder ihre Uhren hoch.

Bei Jonas ist der Stundenzeiger leider abgerissen, aber zumindest der Minutenzeiger liegt an der richtigen Stelle. Das Ergebnis von Moritz und Paulchen kann ich leider nicht einsehen, da sie selbst oben in der Luft ihre Zeiger noch drehen.

Malte scheint das Frühstücksbrot schnell verdaut zu haben und so hebt er eine angeknabberte Uhrschablone hoch, wo die Ziffern 9 bis 12 bereits fehlen.

Arne, Lisa, Kathi, Ida, Finja, Ronja, Maja und die von Teamarbeit profitierende Jenni haben die Uhrzeiten richtig erkannt.

Ida hält ihre Uhrschablone leider falsch herum und auf Eikis Uhr findet sich schließlich der jüngst ergatterte Riesenpopel wieder.

OLE KRANK

Offenbar habe ich mich tatsächlich im Wartezimmer angesteckt.

So liege ich nun krank im Bett und starre an die Decke.

Auf dem Betttisch neben mir liegt mein alter Gameboy. Super! Ich spiele Pokémon, bis die Batterie alle ist.

Komplett voll ist hingegen noch meine Nase. Ich überlege, ob ich die Chance nutzen sollte, um ein paar Jan-Delay-Songs aufzunehmen. Ebenfalls auf dem Betttisch sind ein paar Kondome, Traubenzucker, Kondome mit Traubenzuckergeschmack und Herpes-Zeitschriften. Ist man aber selbst schuld, wenn man Björn mit den Worten losschickt, er solle mal etwas von der Apotheke mitbringen.

Zum wiederholten Male lese ich die SMS von Carolina: „Hallo, mein krankes Huhn, ist es okay für dich, wenn Nils mich heute mit ins Theater begleitet? Du musst dich ja sicher ausruhen."

Ich wusste nicht einmal, dass sie heute ins Theater gehen wollte. Liegt vielleicht an der zeitweiligen Demenz, die mit meiner Krankheit einhergeht.

Der laute Piepton reißt mich aus meinen Gedanken.

Ach richtig, das Fieberthermometer. Hatte ich ganz vergessen. Liegt vielleicht an der zeitweiligen Demenz, die mit meiner Krankheit einhergeht. Na ja, wer weiß. Liegt vielleicht auch an der zeitweiligen Demenz, die mit meiner Krankheit einhergeht. Das Display ist für meine Körpertemperatur zu klein, daher wird die Gradzahl als Zehnerpotenz angezeigt. Ich erinnere mich daran, dass ich bis zu meinem zwanzigsten Lebensjahr dem Ammenmärchen glaubte, dass Fieberthermometer das Fieber nur im Po messen könnten.

Ich liege nun also im Bett und trinke meinen Tee, der mit der Zeit immer wärmer statt kälter wird, da wir nur noch Eistee hatten und Björn eh nicht weiß, wie man Wasser zum Kochen bringt, wenn es keine Tütensuppe ist. In der Zwischenzeit baue ich aus meinen vollgerotzten Taschentüchern kleine Schiffchen. Irgendwann kommt dann Vänni vorbei, um nach mir zu sehen.

Dann bauen wir zu zweit aus meinen vollgerotzten Taschentüchern kleine Schiffchen.

Als uns das nicht reicht, bauen wir noch ein paar Flieger. Immer wieder macht Vänni das Fenster auf, um meinen Schnupfen dazu anzuregen, weitere Taschentücher zu präparieren. Sie meint, unbenutzte Taschentücher für so einen Quatsch zu verwenden, sei reine Verschwendung und eine Umweltkatastrophe noch dazu.

Ich wage es nicht, Vännis Denkfehler zu korrigieren, denn man sollte nie die Hand beißen, die einen füttert. Außer in die Hand von Björn, weil man nie weiß, womit er einen füttert. Allerdings weiß man auch nicht, wo er zuletzt mit seiner Hand gewesen ist.

Da wir nun das nötige Equipment haben, schlage ich vor, Pearl Harbor nachzuspielen. Vänni ist hellauf begeistert, bis sie merkt, dass sie Pearl Harbor mit der Grunge-Band ‚Pearl Jam' verwechselt hatte. Sie weist mich in aller Deutlichkeit auf ihre pazifistische Haltung hin und so darf in diesem Spiel natürlich niemand jemanden erschießen und nicht einmal annähernd aggressive Geräusche dürfen verursacht werden. Wenn ein Flieger im Tiefflug über die Schiffe gleitet, muss es über jedem einzelnen Schiff halten und einen ‚Guten Tag‘ wünschen. Vännis Version von Pearl Harbor klingt jetzt im ersten Moment ein bisschen langweilig, ich muss aber ehrlich zugeben: Es ist voll langweilig. Dennoch bin ich dankbar dafür, dass sie sich im Gegensatz zu anderen Personen Zeit für mich genommen hat und so warte ich auch noch geduldig zwei Minuten, bis ich ihr dann in aller Höflichkeit mitteile, dass ich gedenke, dieses friedvolle und liebenswerte Spiel vorübergehend ruhen zu lassen, um es Stück für Stück genießen zu können. Vielleicht habe ich aber auch gesagt, dass ich lieber noch drei bekackte Wochen krank bin, als weiter dieses sinnlose Kackspiel zu spielen, bei dem man mit jedem vollgerotzten Flieger ‚Guten Tag‘ sagen muss, wenn man über ein bekloptes und ebenso vollgerotztes Scheißschiff gleitet. Aber den genauen Wortlaut weiß ich nicht mehr.

Liegt vielleicht an der zeitweiligen Demenz, die mit meiner Krankheit einhergeht.

OSTERFEST MIT DER KLASSE 1C

Eine hässliche braune Fratze mit zwei fies geschnittenen Gucklöchern schaut durch die Tür in das Klassenzimmer herein. Dass ich einwilligte, Björn dieses Jahr als Osterhasen in die Schule kommen zu lassen, bereue ich sofort.

Die Kinder ziehen die Knie an ihre kleinen Körper und schreien aus Leibeskräften.

Ida hält sich die Hände vor die Augen, Malte stiert hingegen gierig auf den Präsentkorb mit den Schokoeiern, den Björn in seinen verfilzten Pfoten hält.

„Beruhigt euch, Kinder, das ist doch nur der Osterhase“, versuche ich die Angelegenheit trotz der furchteinflößenden Umstände so glaubwürdig wie möglich herüberzubringen.

„Ho, ho, ho", tut Björn sein Übriges.

„Falscher Text", knurre ich leise, doch Björn hat wie immer nur Watte in den Ohren.

Na ja, diesmal hat er wirklich Watte in den Ohren.

„Na, liebe Kinder, wart ihr auch alle artig?", ruft das hässliche Hoppelhäschen.

Die Kinder gucken sich unsicher an.

„Ja", beteuert Malte sofort, der dieses Spielchen nur zu gut kennt.

Björn belohnt den verlogenen gierigen Knirps daraufhin mit drei Schokoeiern.

So langsam lässt auch die Furcht der anderen Kinder nach und das leidlich bekannte Kreuzverhör geht wieder los.

„Herr Osterhase, können Sie sich denn auch ausweisen?", fragt Arne skeptisch.

„Herr Osterhase, kann ich auf dir reiten?", fragt Lisa verzückt.

„Bist du von Bugs Bunny dem das Freund?", möchte Jenni gerne wissen.

„Hafft du noff Fokolade?", fragt Malte schmatzend.

„Bist du Stups, der kleine Osterhase?", piepst Ida.

„Na ja, klein ist er ja nicht", wendet Arne ein.

„Fällst du andauernd auf die Nase?", hakt Paulchen nach.

„Und immer ging dir etwas schief?", fragt Maja besorgt.

„Ja", sagt Björn. „Und das ganz egal, wohin ich lief."

Die Klasse seufzt verständnisvoll.

„Gut, dass du das Lied kennst. Jetzt glaubt dir sogar Arne", flüstere ich zufrieden.

„Welches Lied?", fragt Björn verstört.

Ich verdrehe die Augen.

„Ist aber ganz schön stickige Luft hier drin", flüstert mir Björn leise ins Ohr.

„Keine Bammel", beruhige ich ihn. „Du stehst nur gerade vor Sarah."

„Oh. Ach so."

„Puschel", ruft Eiki plötzlich von hinten.

„Ja", meint Björn stolz. „Ich habe einen schönen Puschelschwanz. Guckt mal hier ..."

Er dreht sich zu seinem Hasenschwänzchen um, wobei sich sein Hinterteil natürlich mit umdreht.

In den folgenden Minuten läuft ein schnaufender Björn wie ein dummer Köter seinem eigenen Schwanz hinterher, ohne zu verstehen, dass auch plötzliches Beschleunigen und zackige Richtungswechsel den Puschelschwanz nicht überraschen können. Die gesamte Klasse, einschließlich mir, liegt eine Weile vor Lachen auf dem Boden.

Bis sich plötzlich der Kopf von unserem Osterhasen löst.

Ein kollektiver Schrei geht durch das Klassenzimmer. Rechtzeitig kann sich Björn noch in den Rest seines Kostümes hineinducken, sodass seine Tarnung nicht auffliegt.

Glück gehabt, denke ich mir zunächst, doch dann erkenne ich, dass ein Betrüger vielleicht doch erträglicher für die Kinder ist, als ein kopfloser Osterhase. Darum enttarne ich kurzerhand das falsche Karnickel.

„Nein, so etwas", sage ich gespielt erstaunt. „Das ist ja gar nicht der Osterhase. Du hattest recht mit deinen Bedenken, Arne."

Arne, der vor seinem geistigen Auge wohl noch immer den rollenden Kopf mit den langen Ohren sieht, nickt etwas steif.

„Der hat bestimmt die Schokolade geklaut", sagt Malte.

„Ja, lasst sie uns zurückholen", stiftet Jonas die hungrige Meute an.

Nun stürzen sich alle auf den armen Björn, schubsen ihn und treten ihn und stehlen ihm die Schokoeier. Ich kann und will hier gar nicht erst leugnen, dass ich nicht ab und an auch einen kleinen Tritt beigesteuert hätte.

Mit dem ganzen Gesicht voller Schokolade steht Malte plötzlich über Björn.

„Guck mal an", sagt er langsam. „Und wahrscheinlich bist du nicht mal der echte Osterhase!"

AMINAS TAUFE

Heute ist Kirchentag. Big Sams kleine Nichte wird getauft.

Ich gehe eigentlich nicht oft in die Kirche. Ich zahle im Grunde nur die Kirchensteuer.

Ich würde ja am Sonntag vielleicht sogar in die Kirche gehen, wenn der Gottesdienst nicht schon beginnen würde, noch bevor der Hahn dreimal gekräht hat. Das macht der in Lilleholm nämlich schon sehr früh. Andererseits muss der Gottesdienst auch vor den Sonntagsspielen der Bundesliga stattfinden. Montags hätte ich zum Beispiel ab 14 Uhr Zeit.

Björn ist heute stattdessen das erste Mal in der Kirche.

Ich will nicht sagen, dass Björn nicht an Gott glauben würde, aber er beschäftigt sich lieber mit den Dingen, die für ihn greifbar oder essbar sind.

„Diese Hostien …“, fängt er an, während wir im Auto auf dem Weg zur Kirche sind.

„Tut mir leid, die sind nicht mit Nussnougat überzogen“, sage ich ernst.

„Das wollte ich doch gar nicht sagen“, beschwert sich Björn.

„Auch nicht mit Mettwurst“, setze ich nach.

„Ich wollte doch das mit Nussnougat sagen“, sagt Björn.

Ich schüttele den Kopf.

„Björn, du frisst und schläfst die ganze Zeit und wunderst dich dann noch, dass du keine Freundin abbekommst.“

Das lässt Björn so nicht auf sich sitzen.

„Ich habe nicht gesagt, dass ich mich wundere“, rechtfertigt er sich.

„Ja okay, tut mir leid. Ich verstehe deine Antriebslosigkeit ja oft auch. Ich könnte nur gerade mal ein bisschen Action für mein Buch gebrauchen.“

Mein Auto biegt in eine Seitenstraße und überfährt dabei zwei

Passanten, die sofort tot sind. Einer von ihnen explodiert sogar. Dampfendes Blut klebt am Auto, die Scheibenwischer verschlimmern die Situation nur.

„Und außerdem kann ich zweieinhalb Liegestützen", fährt Björn unberührt fort.

„Zweieinhalb? Wie soll ich das denn verstehen?", frage ich, während ich durch die gerötete Scheibe blinzele.

„Na ja, fünf Frauenliegestützen halt", erklärt mir Björn kopfschüttelnd, so, als wäre sein Gelaber einleuchtend.

Dann sind wir endlich da.

Würde ich auf eine Tankstelle zwei miteinander gekreuzte Zigarettenstummel setzen, so würde das noch eher einer Kirche ähneln als die Lilleholmer Sankt-Hans-Kathedrale.

Aber von innen sieht es dann doch wieder ganz nett aus.

Björn wäscht sich erst einmal am Weihwasserbecken das Gesicht. Solchen dämonischen Keimen kann auch das geweihte Wasser nicht standhalten. Es zischt und färbt sich dunkelgrün.

„Guck mal da", sagt Björn und zeigt auf das große Kirchenfenster. „Das ist wie die Mandalas, die ich früher gemalt habe."

„Schön, dass du wenigstens eine Sache aus deiner Schulzeit mitgenommen hast", sage ich und freue mich in diesem Fall tatsächlich.

Dann beginnt die Messe. Als der dickbäuchige Pfarrer in Zeitlupe zwischen den Reihen zum Altar läuft, steht Björn stramm wie eine Eiche und setzt zum Offiziersgruß an. Nur zwei Sekunden später fällt er in sich zusammen und setzt sich hechelnd hin.

In den folgenden anderthalb Stunden sitzt Björn immer dann, wenn wir stehen und wenn alle anderen sitzen, dann sitzt er auch.

Dafür singt er aber leider am lautesten mit und klatscht, nachdem der Pfarrer aus der Bibel gelesen hat. Auch bei den Fürbitten übertönt Björn alle.

„Wir bitten dich, verhöre uns", antwortet er in fester Überzeugung.

„Hinterfragst du nicht manchmal, was du da von dir gibst?", frage ich leise.

Nach dem Glaubensbekenntnis beginnt dann die eigentliche Taufe, die für einige Aufreger sorgt.

Während der Pfarrer die kleine Amina in das Taufbecken hält, vergehen einige ungemütliche Sekunden bis Minuten.

Wenigstens steigen keine Luftblasen mehr im Taufwasser auf, denn ich habe gehört, das soll wohl Unglück bringen.

Big Sam reicht es trotzdem und er zieht Amina aus dem Taufwasser heraus. Sie wirkt bleich, aber es fallen auch dicke, rote Tropfen von ihr herab.

Die gesamte Szenerie wirkt eher wie so ein okkultes Ritual oder die Schlachtung eines Opferlamms.

„Oh", sagt der Pfarrer und deutet auf die dicken roten Tropfen. „Gott sei Dank, dass wir mit der Eucharistie gewartet haben. Da habe ich wohl den Messwein mit dem Taufwasser verwechselt."

Die kleine betrunkene Amina lässt mit einem Bäuerchen die Kirchenwände zittern.

„Amen", ruft Björn feierlich.

Anschließend protestieren Big Sam und einige seiner Familienmitglieder wütend, als der Pfarrer über das aufgelegte weiße Taufkleid sagt, dass das Weiß ein Zeichen von neuer Würde sei und das schlechte Dunkel vertreiben soll.

Als dem Pfarrer dann während des Vorbeugens die weiße Spitzkapuze auf den Kopf rutscht, ist die Katastrophe perfekt. Die Stimmung kocht und es fallen ein paar unschöne Worte in der Sankt-Hans-Kathedrale.

Dann beruhigen sich zum Glück alle wieder und wir sprechen das Vaterunser. Hierbei spricht Björn, so gut es geht, unsere Worte in Echtzeit nach.

„Vater unterm Himmel, gereinigt werde dein Rabe, winne Reich komme, winnewinne schähe. Nicht im Himmel, sonst auf Erden ...", ist sein ungefährer Wortlaut.

Ab der Zeile mit dem täglichen Brot hört er dann nur noch interessiert zu.

Zu guter Letzt gibt es natürlich noch die Kollekte. Björn fragt mich, ob das Geld denn für Amina gesammelt wird oder für die Kirche. Ich brauche ihm auf die blöde Frage keine Antwort geben, da Björn sowieso kein Geld bei sich hat. Ich hingegen nutze die Gelegenheit, um mein Kleingeld loszuwerden. Wenn ich nämlich so viel Kleingeld bei mir trage, neige ich dazu, die Spendendose in Fastfoodketten damit zu füllen. Und dann können sich Skandalfirmen wie McDonald's nachher noch damit brüsten, dass der Erlös armen Kindern zugutekommt. Nee, das muss ja nicht sein. Dann doch lieber in einen leckeren neuen Messwein investieren, in dem noch kein Mädchen lag! Vergelt's Gott!

DER ZEIT WEIT VORAUS

Der Frühling schickt sie uns endlich wieder – die Sonne. Es ist nun wieder richtig warm und fast alle erfreuen sich daran. Nur einer muss wieder querschlagen.

„Ich konnte wegen dem Wetter jetzt tagelang nicht mehr schlafen“, jammert Björn.

„Wegen des Wetters“, sage ich genervt.

„Hmm?“, fragt Björn.

„Oh, das ist ja schrecklich“, meint Vänni mitfühlend.

„Ja, aber nachts klappt es dafür ganz gut“, erwidert Björn stolz.

Vänni verdreht die Augen.

Ich gucke geistesabwesend auf unseren Kalender.

Den Abreißkalender mit den Witzen, den wir früher hatten, fand ich zwar origineller, aber Björn und ich waren immer zu faul, die Blätter abzureißen. Außerdem hatte er nur die Tage angezeigt, aber nicht den jeweiligen Monat, was häufig für unangenehme Situationen sorgte. Da steht man mitten im Juni schon blöd da mit seiner Schneeschaufel.

Aber unser jetziger Kalender ist da schon besser. Er zeigt die Tage und die Monate, allerdings ist der Kalender vom falschen Jahr. Das ist aber nicht so schlimm, wir müssen einfach nur bei jedem Datum zwei Wochentage zurückrechnen, dann stimmt er wieder. Unter anderem sieht man jetzt auch die vier eingetragenen Geburtstage von Björn und ich entdecke zudem, dass Vänni genau heute aus ihrer Probezeit heraus ist. Sie wird mit dem heutigen Tag nicht mehr von der psychiatrischen Klinik überwacht und kann nun ohne Kontrolltermine ein komplett eigenständiges Leben führen.

„Das müssen wir feiern", sage ich, als ich die frohe Botschaft verkünde.

„Ja, lass mal Pizza bestellen!", sagt Björn hungrig. „Ich hätte gerne Pizza Frutti di Mare, aber bitte ohne Meeresfrüchte."

„Ich dachte, du bist jetzt endlich auf Diät gesetzt worden?", frage ich.

„Ja, hab mir überlegt, morgen fange ich dann wirklich an!", meint Björn.

Vänni und ich wechseln vielsagende Blicke.

„Ich weiß nur immer nicht, ob ich diese Obst-Gemüse-Kost vor oder nach dem Essen einnehmen soll?", sagt Björn nachdenklich.

„Ähm, diese Kost ist dein Essen", helfe ich unserer Raupe Nimmersatt auf die Sprünge.

Björn schaut mich entsetzt an.

„Oh, dann muss ich mir ja auch einen Job suchen", sagt Vänni plötzlich. „Ich meine, jetzt bekomme ich keine Unterstützung mehr von der Klinik. Wie soll ich meine Wohnung und alles nur bezahlen?"

„Mist, ich sehe schon, das gibt heute keine Pizza mehr", sagt Björn ebenfalls traurig.

„Hast du auch mal einen qualifizierten Beitrag?", frage ich Björn.

„Joa, also bei uns könntest du auch anfangen, Vänni. Da kann ich sicherlich was regeln", lässt Björn den überheblichen Businessman heraushängen und fährt sich langsam mit der Fingerkuppe über die Augenbraue, wobei es Schuppen regnet.

„Nein, danke", sagt Vänni freundlich. „Meine Oma hat immer

gesagt, das horizontale Gewerbe sollte wirklich die allerletzte Option sein. Und meine Oma ist sehr weise."

„Ja, meine Oma hatte auch weiße Haare", erinnert sich Björn.

„Hehe", lache ich. „Björn arbeitet im horizontalen Gewerbe!"

„Problem damit?", sagt Björn kühl.

„Mir egal, was du machst, um Geld zu verdienen. Wichtiger ist, dass du auch davon mal etwas für die Miete beisteuerst. Und da ich dich gerade sehe, fällt mir auch noch ein, dass der Müll heute noch raus muss."

„Ha, ha", sagt Björn trocken. „Außerdem kommt der Mülldienst doch gar nicht. Heute ist Dienstag."

„Zwei Tage zurückrechnen!"

CINDERELLA-STORY

Es ist schön, wenn man beliebt ist. Die leuchtenden Augen meiner Kinder sind stets auf mich gerichtet, gierig nach Wissen, nach Witzen, nach Spielen und nach Schokolade. Doch heute ist die Aufmerksamkeit etwas gespalten. Denn unsere kleine Ronja hat eine Zahnspange bekommen. Natürlich weiß ich, wie schlimm diese Zeit für eine Grundschülerin sein kann und hoffe, dass die anderen sie nicht zu übel damit aufziehen.

„Och", piepst Ida begeistert. „Das funkelt aber schön. Hast du da Glitzerdiamanten an deinen Zähnen, ja?"

„Das ist eine Zahnspange", sagt Ronja stolz.

Eiki kichert. Aber nicht aus Häme, sondern wegen des lustigen Wortes.

Die Mädchen versammeln sich um Ronja, um etwas von dem Fame des neuen Twinkle Stars zu erhaschen.

„Ja, so, jetzt wollen wir mal im Unterricht weitermachen", sage ich, noch etwas irritiert, dass sich die Zeiten scheinbar geändert haben.

„Jonas, schenkst du mir auch so eine Zahnspange?", fragt Ida ihren Liebsten.

„Du denkst wohl auch, dass das Geld an Bäumen wächst", murrt Jonas und schlägt die Hände über den Kopf.

Ich haue auf den Tisch und sorge endlich wieder für ihre Aufmerksamkeit. Alle gucken mich an, dann gehen ihre kleinen Arme nach oben.

„Ja, Arne?", sage ich.

„Herr Svensson, hatten Sie auch so eine schicke Zahnspange?"

„Was? Ähm, nein. Mir wurde das Lippenbändchen durchgeschnitten."

Arne nickt nachdenklich, Eiki lacht, die Arme der anderen gehen wieder herunter.

Es gelingt mir mit Müh und Not, von Ronjas Zahnspange abzulenken, doch dann kommt Kathi von einem ihrer minütlichen Toilettenbesuchen wieder und muss das Accessoire natürlich auch noch einmal begutachten. Ihr Urteil lautet ‚Supertrendy Candy'. Keiner weiß, was ‚Supertrendy Candy' bedeutet, natürlich auch Kathi nicht, aber es klingt ganz gut in den Ohren der Kinder.

„Apropos ‚Candy', da hängen doch bestimmt Essensreste in deinem Faradayschen Käfig, oder?", stichele ich neidisch.

Malte scheint die Vorstellung gut zu gefallen, die Zahnspange als Vorratskammer nutzen zu können. Und die anderen Kinder meinen nun auch voller Begeisterung, dass Ronjas Zahnspange ‚superfresh faradaysch' aussieht.

Ich fühle mich heute richtig unzulänglich und koche vor Wut auf Ronjas blöde Zahnspange, diese ... diese ... diese Raffklammer, diese Blechfresse, diese ... diese Kariesdisco. Wenn ich jemanden lispeln hören möchte, gucke ich den Film ‚Snakes on a Plane' oder ‚RTL Punkt12'! Ich sehe meine Felle als Publikumsliebling davonschwimmen. Darum unternehme ich in den folgenden Minuten alles, um die

Blicke wieder auf mich zu ziehen. Die Versuche werden zunehmend demütigender und verzweifelter. Zuerst mache ich einen Handstand, erst mit beiden Händen, dann mit einer Hand, dann sogar ohne Hände. Ein paar kurze Lacher, dann ist wieder alles vorbei. Also probiere ich es mit einem Witz.

„Da sagt der Gast: Herr Ober, in meiner Suppe hüpft eine Fliege. Darauf der Ober: Entschuldigung, aber für 20 Kronen können sie kein Ballett erwarten."

Doch alle interessieren sich nur für Ronja. Außer Sarah, die spürt, wie verzweifelt ich um Aufmerksamkeit und Anerkennung kämpfe.

Ach Sarah, denke ich mir und bin gerührt. Es ist Zeit, ein Zeichen zu setzen. Langsam laufe ich zu ihrem Platz. Die Nasenklammer lasse ich bewusst am Lehrerpult liegen.

„Oh nein, jetzt ist der Herr Svensson endgültig verrückt geworden", meint Moritz.

„Den schreib ich ab", sagt Jonas kopfschüttelnd.

„Man darf nicht abschreiben", ermahnt ihn Lisa.

Auch Sarah scheint entsetzt.

Doch dann passiert das Unerwartete: Nichts. Ich rieche nichts! Keine merkwürdigen Schwefelgerüche mehr. Da ist eher eine angenehme Frische, die von Sarah ausgeht.

Während ich sprachlos und verwirrt vor Sarah stehe, hält mich der Rest der Klasse, deren absoluter Aufmerksamkeit ich mir nun bis an das Ende des Schuljahres gewiss sein kann, fest im Blick. Nur Paulchen scheint nicht wirklich überrascht zu sein und lächelt so verlegen wie Sarah. Da habe ich wohl eben das Geheimnis des zweiten Liebespaares der Klasse 1c – im wahrsten Sinne des Wortes – gelüftet.

WAHLKAMPF IN LILLEHOLM

Ich laufe mit Björn durch die Straßen. Von den Plakaten an den Laternen grinsen uns falsche weiße Zähne an. Ach ja, richtig. Es sind ja wieder Stadtwahlen.

„Warte mal, meine Schuhe sind auf", sagt Björn.

Ich bleibe genervt stehen und schaue mir in der Zeit die hässlichen Fratzen und ihre blöden Sprüche an.

„Mist. Hätte ich mal meinen Edding mitgenommen", fluche ich.

„Was soll mir ein Edding da helfen?", fragt Björn kopfschüttelnd.

„Ich rede von den Plakaten, du Lackaffe!"

Ich gehe ein paar Schritte weiter zum Plakat der überpatriotischen ‚Alternative für Lilleholm'-Partei mit ihrem Vorsitzenden Holger Göbbelsson. Als ich näherkomme, sehe ich, dass jemand dem Spitzenkandidaten mit Edding schon ein schönes Hitlerbärtchen gemalt hat. Der Klassiker! Nach genauer Betrachtung bin ich mir dann aber doch gar nicht mehr so sicher, ob der Bart tatsächlich nur gemalt ist.

Ich drehe mich zu Björn um.

„Na endlich. Was hast du denn so lange gebraucht? Ich verstehe das nicht. Wir haben dir doch schon extra Schuhe mit Klettverschluss gekauft."

„Mein Finger klebte dazwischen", jammert Björn.

Ich enthalte mich jedem weiteren Kommentar.

„Was machst du denn hier bei dem AfL-Plakat?", fragt Björn.

„Och, ich wollte nur mal nach dem Rechten sehen", sage ich wahrheitsgetreu.

Wir schauen uns noch ein paar andere Wahlplakate an. Dass die Linken dieses Jahr scheinbar ihrem Praktikanten den kompletten Marketingbereich überlassen haben, erkennt man an den flotten Sprüchen ‚Links ist da, wo der Daum rechts ist' und ‚Niemand hat die Absicht, eine Mauer zu errichten'. Sein Schulkollege aus der Marketingklasse ist scheinbar bei den Grünen gelandet und kontert mit

‚Niemand hat die Absicht, einen neuen Bahnhof zu errichten‘ und ‚Grün, ja grün sind alle meine Kleider‘.

Die Internetpartei hat als Motiv bloß einen großen QR-Code gewählt, den man aus 20 Metern Entfernung scannen muss, um dann auf eine virenlastige Spamseite geleitet zu werden.

Die christdemokratische Partei bedankt sich bei dem lieben Gott dafür, dass er ihnen die Schrift gegeben und Zettel und Stift bereitgestellt hat. Die sozialdemokratische Partei weiß anscheinend auch nicht ganz, wofür sie steht. Sie setzt daher erst einmal auf Begriffsklärung: ‚Sozialdemokratie ist die Bezeichnung für eine internationale politische Bewegung, die für einen demokratischen Staat eintritt, der in der Lage sein sollte, mit sozialen Gesetzen die Auswirkungen der kapitalistischen Wirtschaftsordnung auf die überwältigende Mehrheit der Bevölkerung zu lindern. (Quelle: http://de.wikipedia.org/wiki/Sozialdemokratie)‘

„Ach so“, sagt Björn.

„Hast du das verstanden?“, frage ich erstaunt.

„Nein. Du?“, fragt Björn.

„Nee.“ Gebe ich zu.

„Und wen soll ich jetzt wählen?“, fragt Björn sichtlich verunsichert.

„Na ja, also wenn du mich fragst: Die Linken wollen für die Armen den Reichen was wegnehmen, die Liberalen wollen für die Reichen den Armen was wegnehmen, die Rechten wollen für ewiggestrige Arschlöcher Menschen mit Migrationshintergrund was wegnehmen, die Grünen wollen für die Natur allen Menschen was wegnehmen. Die Christen wollen aus Tradition möglichst nichts ändern und die Sozialdemokraten wollen viel ändern, aber wissen nicht, wie.“

„Dann habe ich eine Wahl getroffen“, sagt Björn entschlossen.

„Und zwar?“

„Lass uns den Edding holen.“

SUCHTGEFAHR

„Daher, liebe Kinder, Hände weg vom Alkohol!"

„Rum?", fragt Eiki verzweifelt.

„Nein, auch keinen Rum, Eiki!", sage ich, entsetzt über diese Frage.

Arne meldet sich.

„Ja, Arne?"

„Herr Svensson, Eiki wollte fragen: Warum?", erklärt Arne.

„Ach so", sage ich, nicht minder unzufrieden.

Eiki kann also weder ordentlich sprechen noch richtig zuhören. Da ist er im Grunde nicht besser dran als ein Alkoholiker.

„Kann das jemand dem Eik vielleicht noch einmal erklären?", frage ich.

Alle Kinder schauen auf ihre Schuhe, observieren ihre Fingernägel oder kauern sich auf ihren Stühlen zusammen.

Ida kneift die Augen fest zu in der Hoffnung, ich könne sie so nicht sehen.

Kathi meldet sich schließlich.

„Ja, Kathi?"

„Alkohol ist nicht gut, weil man dann fix pullern muss?"

„Ist das wirklich der Hauptgrund, Lisa?", frage ich nun Lisalotta.

Die verunsicherte Lisa wagt es weder zu nicken noch den Kopf zu schütteln, stattdessen macht ihr Kopf nun lange Kreise.

Ich seufze.

„Na schön. Wenn man viel Alkohol trinkt, sterben ganz viele Nervenzellen in eurem Gehirn. Bei dem ein oder anderen von euch wird es vermutlich gar nicht so viele geben, die sterben können", sage ich und schaue dabei rein zufällig auf den doof-fröhlichen Eiki, den Federmappe verspeisenden Malte und Jenni, Spitzenkandidatin für die erste Sitzenbleiberin meiner Lehrerlaufbahn, die sich gerade mit der falschen Seite des Kammes die Haare kämmt.

„Dennoch ist Alkohol in bestimmten Mengen für jeden schädlich.

Schwindel, Übelkeit, Aggression, Konzentrationsschwierigkeiten, Suchtgefahr, ähm ... sagte ich schon Konzentrationsschwierigkeiten? Und natürlich die Suchtgefahr!"

Viele Hände gehen nun nach oben. Doch zum Glück klingelt es zur Pause.

„Hey Malte", ruft Jonas. „Lass uns draußen ein bisschen Fangen spielen."

„Nee", sagt Malte. „Die Pause ist zum Essen da."

„Ja, die Frühstückspause", erklärt Jonas. „Aber doch nicht die Hofpause."

„Wer sagt das?", fragt Malte kühl.

Dann vertreibt er Jonas mit einer wirschen Handbewegung aus seinem Sichtfeld. Er holt seine drei Brotbüchsen heraus und raschelt, um herauszufinden, in welcher noch etwas Essbares zu finden ist. Gierig öffnet er dann die mittelgroße Brotbüchse, die ein ganzes Spanferkel beinhalten könnte. Maltes Blick nach zu urteilen, erhofft er sich wohl auch selbiges. Umso enttäuschter ist er, als er ein Vollkornbrot findet. Und dann auch noch ohne Nutella! Stattdessen Halbfettmargarine, Käse und grüne und violette Salatblätter. Sein Blick gleicht nun dem Blick meiner Mutter, wenn sie früher meine volle Brotbüchse kurz vor Ende der Ferien aus dem Ranzen gezogen hat.

„Manometer Hosenpeter", klagt Malte niedergeschlagen.

Er raschelt in seiner Verzweiflung noch einmal an den anderen Brotdosen, dann wuchtet er seinen Körper aus dem Klassenzimmer und ächzt Jonas hinterher.

Ich blicke aus dem Fenster auf den Schulhof hinab. Da rennen und toben sie, malen mit Kreide, spielen Verstecken und Fangen, hüpfen mit ihren Springseilen, machen Klatschspiele. Ach ja, die Jugend von heute. Ich erinnere mich an meine Kindheit, da war noch alles ganz anders gewesen. Zu meiner Zeit waren wir noch echte Kinder. Da haben wir noch auf der Treppe gesessen und Gameboy gezockt, haben uns in den unterirdischen Gängen der Schule getroffen und mit Pokémonkarten gedealt. Da war die Welt noch in Ordnung. Da waren die

Kinder noch nicht abhängig von Sonnenlicht und Bewegung, durch die Dopamin, Serotonin, Endorphin und Adrenalin ausgestoßen werden. Das sind doch die wahren gefährlichen Süchte! Traurig über das Schicksal meiner Kinder, hole ich eine kleine Flasche aus meiner Schultasche und gönne mir einen großen Schluck von dem Doppelkorn, den ich zum Glück immer bei mir habe.

BRANDGEFÄHRLICH

Kennt ihr das? Man ist früh auf dem Weg zur Arbeit, als einem plötzlich eine ganze Kolonne von Feuerwehrfahrzeugen entgegenkommt und man sich denkt: Scheiße, hoffentlich habe ich den Herd ausgeschaltet! Und das, obwohl man genau weiß, dass man nur Müsli mit kalter Milch gefrühstückt hatte. Dennoch komme ich schweißgebadet an meiner Schule an.

Natürlich muss ausgerechnet heute auch noch der Feueralarm in der Schule getestet werden. Während des Probelaufes beschließe ich, dass ich Malte im Falle eines echten Brandes zum Wohle der anderen Kinder zurücklassen muss. Bei seinem Tempo wären wir schon zehnmal verbrannt. Als ich betone, dass wirklich niemand in Panik geraten braucht, rennt die Hälfte der Klasse weinend und kreischend im Kreis. Dieses Verhalten ist allerdings nachvollziehbar, denn solche Worte sagt man halt ausschließlich in Paniksituationen.

Die andere Hälfte der Klasse, die nicht in Panik geriet, muss ich anschließend trösten, als sie merken, dass die Schule doch nicht abbrennt.

Nach dem Unterricht möchte ich so schnell wie möglich nach Hause. Zu allem Übel kommt mir aber natürlich vorher noch der Hausmeister entgegen.

„Hallöchen“, sagt er lächelnd und bleibt in großer Erwartung vor mir stehen.

„Hallöchen“, gebe ich verdutzt zurück.

Der Hausmeister blinzelt.

„Jaaaaa“, fange ich an, um die unangenehme Stille zu überbrücken, aber der Hausmeister lächelt mich weiter freundlich an. Was zum Henker?! Hinter dem Hausmeister sehe ich eine Plastiktüte mit dem Kram unserer geleerten Papierkörbe. Dabei sehe ich auch den einen oder anderen Entwurf für ein weiteres Buchkapitel von mir, den ich letztendlich dann doch als unzureichend empfand.

Der Hausmeister steht weiter lächelnd vor mir.

Dann fällt der Groschen.

„Oh“, sagt der Hausmeister und hebt den Groschen auf. „Der ist Ihnen heruntergefallen, Herr Svensson.“

An dieser Stelle muss ich erklären, dass er mich tatsächlich ‚Herr Svensson‘ genannt hat. Diesen Namen verwende ich ja lediglich in meinem Buch.

Ich seufze.

Seit meiner Pubertät hätte ich wissen sollen, dass es nicht reicht, Schriften mit privatem Inhalt in den Papierkorb zu werfen, um sie anderen Menschen vorzuenthalten. Passend dazu liebe Grüße an meine Mama, du bist die Beste! Die beste Schnüfflerin zumindest.

„Also gut“, sage ich. „Sagen Sie, was auch immer Sie der Welt mitzuteilen haben.“

Der Hausmeister holt nachdenklich Luft.

„Kommt das dann in Ihr Buch?“

Ich nicke.

„Gut. Als Allererstes möchte ich meine kleine Tochter grüßen. Daddy ist stolz auf dich. Aber ich möchte nicht noch einmal sehen, dass du dich mit dem Nachbarsjungen triffst. Ich habe gehört, er möchte später Jura studieren. Das bringt ihm auch nichts, wenn er keine Glühbirne wechseln kann. Such dir lieber einen Handwerkerjungen!“

„Moment mal. Sie haben doch gar keine Tochter!“, unterbreche ich den Hausmeister.

„Bis man Ihr Buch veröffentlicht hat, bestimmt“, sagt er müde lächelnd.

Ich schaue missmutig auf meine Uhr.

„Wie auch immer. Ich muss jetzt los. Dringend!“

„Aber ich wollte doch gerade erst anfangen ...“, sagt der Hausmeister wütend.

„Ja, tut mir ja auch leid“, sage ich. „Aber ich fürchte, ich habe ein Problem.“

„Einsicht ist der erste Weg der Besserung“, meint der Hausmeister milde und winkt mit der leeren Kornflasche.

„Nein, ach ... Sie verstehen mich nicht“, winke ich ihn ab.

„Na gut. Dann sagen Sie schon. Wo brennt’s denn?“

UND NÄCHTLICH GRÜSST HERR GUSTAFSSON

Seit einiger Zeit habe ich immer wieder seltsame Träume, die meist ähnlich beginnen.

Zunächst gehe ich mit Björn schick essen. Diese Tatsache ist noch viel abstruser als das Daisy-Duck-Kostüm, das Björn dabei trägt. Auf dem Teller vor mir liegt ein Schnitzel.

Gandalf, unser Kellner, kommt an unseren Tisch und fragt, ob Björn vielleicht eine Schnabeltasse benötigt. Daraufhin fangen beide an zu lachen und die Szene verschwimmt.

„Mist“, denke ich. Wieder nicht geschafft, das Schnitzel zu essen.

Plötzlich befinde ich mich in einem sehr sterilen, weißen Zimmer. Ich sitze auf einem Bett und starre an die Wand. Die Tür geht auf. Vor mir steht niemand anderes als Herr Gustafsson von der psychiatrischen Klinik.

„Guten Tag, der Herr. Oder sollte ich lieber ‚Herr Svensson' sagen?", fragt er und sein Gesicht vermischt sich mit dem des Hausmeisters.

Ich versuche instinktiv nach hinten zu weichen, doch dann bemerke ich die Fußfesseln und die Zwangsjacke, die mir das Fortbewegen unmöglich machen.

„Na, na, na. Sie wollen doch nicht etwa abhauen?", tadelt Herr Gustafsson.

„Das ist ein Missverständnis", rufe ich laut. „Ich bin kerngesund."

Ich frage mich, warum es eigentlich ‚kerngesund' heißt und verpasse damit wie immer die Antwort des Psychiaters.

„Wie bitte?", frage ich diesmal.

„Ganz wohl", sagt Herr Gustafsson lächelnd.

„Nee, ich habe gerade nicht zugehört", erkläre ich.

Herr Gustafsson guckt mich streng an.

„Das kann doch jetzt nicht ihr Ernst sein", sagt er gereizt.

„Das sollten Sie als Psychiater wohl am besten einschätzen können."

„Na schön", sagt der Professor ungeduldig. „Wie Sie in Ihrem Buch schreiben, sind Sie ja mit dissoziativer Identitätsstörung vertraut."

„Einigermaßen, ja", erwidere ich. „Multiple Persönlichkeiten und so ein Kram. Worauf wollen Sie hinaus?"

Herr Gustafsson schaut mich lange und eindringlich an, als ob ich die Antwort nicht selbst längst wüsste. Weiß ich aber nicht.

Sein Kopf dreht sich nun mehrfach auf seinem Hals.

„Oder sollte ich lieber ‚Herr Svensson' sagen?", ruft er dabei immer wieder hysterisch.

Dann tauchen die Gesichter von Vänni und Björn auf, die miteinander verschmelzen und exakt zu meinem Gesicht transformieren. ‚Identitätsstörung, Identitätstörung', singt ein Chor in meinem Kopf.

Ich sehe mich nun wieder als ‚Two Face', der vor dem Spiegel mit sich selbst ein Duett singt.

‚Alles ist Fiktion. Alles ist Fiktion', singt der Chor schrill in meinem Kopf. Jetzt erkenne ich, dass der schiefe Gesang von den Kindern der Klasse 1c stammt.

„Ja, klar! Und nur die Feuerzangenbowle am Anfang war echt, oder?“, sage ich irre lachend und will abwinken, was mir angesichts der Zwangsjacke leider nicht gelingt. „Oder was ist das hier für ein Metaebenen-Fiktions-Scheiß? So wie Fight Club, Mr. Robot oder diese Szene aus Shutter Island? Wie wenn man einen Film guckt, in dem am Ende herauskommt, dass selbst innerhalb des Films nichts echt war? Oder diese dummen Bücher, wo man nicht weiß, was real und was Fiktion ist und man nicht weiß, wann der Autor von sich erzählt und wann er in seiner Geschichte steckt, wo am Schluss eines Abenteuers unbedingt noch stehen muss: ‚Tommy wachte auf. Er hatte alles nur geträumt.' Ich kotz im Dreieck!“

Ich habe langsam echt keine Lust mehr auf diesen Albtraum. Wieso sollte ich mir von erträumten Figuren Nacht für Nacht irgendwelche Vorträge über Realität und Fiktion anhören?

Die weißen Wände formen sich plötzlich zu Wolken und die Tür erhebt sich zu einem goldenen Tor. Davor steht ein Mann, der Herrn Gustafsson ähnlich sieht, allerdings mit langem Bart und mit einem großen Schlüssel in der Hand.

„Okay. Wow. Bist du jetzt Petrus?“, frage ich ihn.

„Nee, der Schlüsseldienst. Klar bin ich Petrus“, sagt der Mann.

Ich nicke.

„Und was jetzt?“, frage ich.

Petrus schnaubt.

„Das ist doch nicht mein Traum“, blafft er.

Ich zucke die Schultern.

„Na, dann kann ich ja jetzt auch hineingehen“, sage ich und laufe auf das Tor zu.

„War nur ein Scherz", sagt Petrus schnell und stellt sich mir in den Weg.

Ich betrachte zögerlich den alten Mann. Mit dem werde ich ja wohl noch fertig, oder?

Ich gehe noch einen Schritt auf Petrus zu, doch der nimmt plötzlich seinen Heiligenschein ab und wirft ihn wie einen Bumerang nach mir.

„Verfluchte Scheiße", rufe ich und halte mir die blutende Schulter.

„Höre bitte auf zu fluchen", sagt Petrus. „Das bringt dich hier bestimmt nicht rein."

„Aber schwere Körperverletzung ist hier wohl erlaubt, oder was? Du bist selbst für einen Türsteher noch ein ganz schöner Rowdy. Warum darf ich nicht rein? Ich bin doch ein anständiger Kerl, war sogar letztens in der Kirche. Ich habe mein Leben lang in Demut und mit Björn gelebt und alles ertragen. Abgesehen davon sagtest du doch, dass es mein Traum sei. Also komm schon. Warum machst du so eine Szene?"

„Och", antwortet plötzlich der Hausmeister, der seitlich in meinem Sichtfeld erscheint und nebenbei mit Eimer und Mopp die Wolken wischt. „Ich wollte nur einen größeren Auftritt in dem Buch haben. Abgesehen davon finde ich Shutter Island gar nicht so übel."

Ich wende mich wieder Petrus zu.

„Du bist vom Weg abgekommen!", sagt Petrus nun. „Hinterfrage, wen du ehrst!"

„Ehrst?", wiederhole ich. „Ehrst? Was meinst du damit?"

Dann wird es dunkel.

VÄNNI UND DIE KLASSE 1C

Es klopft. Die Kinder gucken neugierig zur Tür.

„Ja, bitte“, sage ich. „Kommen Sie ruhig herein. Die Stunde ist eh zu Ende.“

Vänni betritt das Klassenzimmer.

„Ach ja“, sage ich. „Habe ganz vergessen, dass du mich heute abholst. Warte kurz, ich komme gleich. Ich wische nur schnell die Tafel sauber.“

„Das kann ich doch machen. Gehen Sie nur, Herr Svensson“, sagt Lisa sofort und schnappt sich den Schwamm.

Malte, den Mund wieder mit irgendwelchem Gebäck vollgestopft, meldet sich.

„Ja, Malte?“, sage ich seufzend.

„Iffndaf?“, sagt Malte schmatzend, sodass sich sein Vordermann die Krümel aus dem Nacken kratzen muss.

„Das ist meine Nachbarin Vänni“, stelle ich sie vor.

Vänni winkt schüchtern.

Kathi meldet sich.

„Ihr braucht euch nicht zu melden. Der Unterricht ist doch jetzt vorbei“, erkläre ich.

Plötzlich prasselt ein Stimmgewirr auf mich ein, so laut wie ein Karnevalsumzug in Rio de Janeiro.

Ich hebe abwehrend die Hände.

„Okay, wir bleiben doch beim Melden. Kathi bitte zuerst.“

„Warum hast du denn da ein Gänseblümchen an deinem Ohr?“, fragt Kathi Vänni.

Vänni zuckt die Schultern.

„Ich habe es auf dem Weg hierher gefunden. Ich habe auch einen kaputten Fahrradreifen gefunden. Aber der hat nicht hinters Ohr gepasst.“

Kathi nickt verständnisvoll.

Ida meldet sich.

„Na schön. Ida", sage ich mutig, obwohl ich genau weiß, in welche Richtung sich das Gespräch nun entwickeln wird.

„Bist du die Frau vom Herrn Svensson?", fragt Ida.

„Nein, nur die Nachbarin", antwortet Vänni.

„Das macht eigentlich keinen Unterschied", erklärt Paulchen. „Wenn Mama nicht da ist, ist der Papa oft bei der Nachbarin."

Ich weiß gar nicht, ob ich das hier aufschreiben sollte.

„Oh", piepst Ida daraufhin. „Habt ihr euch schon einmal geküsst?"

„Nein", sage ich ganz schnell. „Die Vänni ist nur eine Freundin."

„Aber verliebt doch, oder?", fragt Lisa, die den Anschein macht, als würde sie den Schwamm andernfalls beiseitelegen und mich die Tafel weiter abwaschen lassen.

Vänni setzt zur Antwort an, doch Eiki kichert.

Ida dreht sich zu Eiki um.

„Was gibt's da zu kichern, Eiki? Ich bin auch verliebt", piepst sie und wendet sich zu Vänni. „In den Jonas. Das ist nämlich mein Märchenprinz."

„Och süß", sagt Vänni begeistert.

„Ja, und du bist auch mein Märchenprinz", erwidert Jonas Ida im Aufgebot seiner ganzen Romantik.

Ida seufzt bekümmert.

„Er ist ja schon toll, aber er hat ein paar Schläge zu viel auf den Kopf bekommen", plaudert sie und winkt dabei wie eine Erwachsene ab.

Vänni nickt ernst.

„Kannst du das?", fragt Moritz und verrenkt unnormal die Hände.

„Ich denke nicht", sagt Vänni langsam.

„Gibst du der Vänni mal einen Kuss?", fragt mich Maja.

„Wenigstens ein Küsschen?", bittet Ronja.

Finja nickt.

„Ach, Finja, du bist ja auch wieder da", sage ich.

„Ich bin doch die ganze Zeit da gewesen", entgegnet Finja.

Arne meldet sich.

„Jo, Arne?", frage ich keck.

„Kann es sein, dass Sie nur vergessen haben, dass Finja auch zur Klasse gehört? Das ist wie in dem einen Kinderbuch, was mir meine Mama vorgelesen hat. Da gibt es eine Figur, die mal am Anfang auftaucht, aber irgendwie hat sie der Schriftsteller vergessen und erst am Schluss ist es ihm wieder eingefallen und die Figur bekommt noch einmal einen kurzen Auftritt, wobei der Schriftsteller übertrieben versucht, seine Figur noch bestmöglich in die Geschichte zu integrieren."

„Ich weiß nicht, wovon du redest", sage ich knapp, während Eiki und Finja plötzlich anfangen, heftig miteinander Blicke zu tauschen.

Dann steht Lisa mit nassem Schwamm vor mir.

„Der Kuss", sagt sie und ich verspüre eine leichte Drohung in ihrer Stimme.

Ich winke lachend ab und gucke zu Vänni, die mich aufmerksam anschaut.

„Das ist doch albern", sage ich und sehe erwartungsvoll zu Vänni.

Vänni nickt langsam.

„Ja, albern", sagt sie lächelnd und wendet den Blick ab.

„Ich meine, ein Küsschen könnte ich dir schon geben", sage ich lachend und halte mir so die Option offen, ich könnte es als blöden Witz gemeint haben.

„Ja, was wäre schon dabei?", sagt Vänni lachend, um sich ebenfalls das Hintertürchen ‚Witz' offen zu lassen.

„Ja, eben, ist ja eigentlich nichts dabei", sage ich laut und weiß nicht, ob ich mich gerade vor Carolinas Tochter Kathi, Vänni oder mir selbst rechtfertige.

„Das stimmt", sagt Vänni ebenso laut.

„Meine Fresse", sagt Paulchen. „Jetzt macht schon."

Die Klasse kichert.

Vänni und ich auch.

Dann gebe ich ihr schnell einen Kuss auf die Wange. Die Kinder scheinen enttäuscht, doch Vänni lächelt.

Auf dem Weg zum Auto hält mich Vänni dann kurz an.

„Ich wollte dir noch etwas sagen“, meint sie.

„Wegen gerade? Ach, kein Stress. Carolina wird schon keinen Aufstand machen. Wir haben uns ja nur schnell auf die Wange geküsst, weil wir nicht von einem Schwamm beworfen werden wollten“, sage ich lachend.

„Ja, genau. Der Schwamm“, wiederholt Vänni rasch und steigt ins Auto.

DIE UNHEIMLICH SPANNENDE GESCHICHTE VON BJÖRNS ARMHAAR

„Oh nein“, ruft Björn.

„Was ist los?“, rufe ich und eile ins Wohnzimmer.

„Ich habe mir mein Armhaar herausgerissen“, klagt Björn fürchterlich enttäuscht.

„Da weiß man gar nicht, ob man lachen oder heulen oder ob ich dich oder mich umbringen soll“, sage ich resigniert.

Björn schaut mich an. Die Zeit vergeht. Ein Spuckfaden bildet sich um Björns Mund.

„Jeweils das Zweite, hätte ich jetzt gesagt“, meint er dann.

„Für dich habe ich keine Worte mehr. Du bist einfach nur wahnsinnig“, sage ich frustriert.

„Wahnsinn und Genie liegen oft dicht beieinander“, erklärt mir Björn.

„Nee, in deinem Fall eher Wahnsinn und Unsinn. Oder Blödsinn.“

„Oder Russin“, hilft mir Björn.

„Jedenfalls noch eher als ein Genie“, sage ich.

Ich lasse mich auf die Couch fallen.

„Wo ist eigentlich Vänni? Ich habe sie seit Tagen nicht gesehen", wundere ich mich.

„Wo ist eigentlich mein Armhaar?", jammert Björn.

„Meine Fresse, reiß dich mal zusammen! Alter Schwede!", schimpfe ich.

„Du verstehst das nicht. Das war mein Superhaar. Es war viel länger als die anderen, ungefähr sieben Zentimeter. Bald hätte ich einen neuen Weltrekord damit aufstellen können!"

„Dann lieber nicht berühmt sein", sage ich.

„Apropos, was machst du eigentlich, wenn du mit deinem Buch mal reich und berühmt wirst?", fragt mich Björn dann.

„Och, dabei wird nicht viel Geld herumkommen. Aber ich würde dich bestimmt zu einer Kugel Eis einladen, weil du mit deinem Blödsinn schließlich meine Seiten füllst."

„Können es auch zwei Kugeln Eis sein?", fragt Björn.

„Übertreib mal nicht gleich", sage ich. „Ist schließlich noch eine Waffel darunter."

Björn legt nachdenklich den Kopf schief.

„Also, wenn ich berühmt oder sogar reich wäre, würde sich in meinem Leben auch nichts ändern. Ob ich nun hier oder am Strand einer karibischen Insel schlafe, ist mir völlig egal. Wenn ich träume, kann ich eh hingehen, wohin ich will", erklärt Björn.

„Echt?", frage ich neidisch und erinnere mich an das verschlossene Himmelstor in meinem Traum. „Ich schaffe nicht einmal mein Schnitzel."

„Übung macht den Meister", sagt Björn stolz.

Tatsächlich frage ich mich für einen Moment, ob Björn nicht tatsächlich ein Genie ist.

Wer die Macht hat, seine Träume zu kontrollieren und wie auf Knopfdruck in diese einzutauchen, der kann alles haben, was er will. Der ist in dieser Realität ein Gott!

Ob Björn hinter dem Himmelstor auf mich gewartet hätte? Sollte ich vielleicht ihn ehren, wie Petrus meinte?

„Oh, mein Armhaar", ruft Björn begeistert und hebt eine schwarze Borste vom Boden auf. „Das lässt sich bestimmt wieder ankleben."

Es gibt schon Tage, da komme ich echt auf komische Gedanken.

SCHWEDENKRIMI

„Gut, das war es dann für heute", sage ich. „Bis morgen."

„Bis Morgen, Herr Svensson", sagt die Klasse.

„Ich bekomme noch ein Bonbon", sagt Malte.

Fragend schaue ich zu ihm herüber.

„Von mir?"

„Ja", sagt Malte. „Ich nehme aber auch ein paar von den anderen Kindern, wenn sie welche dabeihaben."

Die Kinder beeilen sich und verlassen schleunigst den Klassenraum.

„Wieso bekommst du denn von mir ein Bonbon?", frage ich.

„Weil ich doch der Frau Jansen geholfen habe, die Bücher in das Regal zu räumen."

„Ach so, stimmt ja. Hatte ich dir ja versprochen, obwohl es schade ist, dass du nur für eine Belohnung anderen Menschen hilfst."

Malte schaut mich fragend an.

„Wofür denn sonst?"

„Ähm", sage ich. „Na ja, egal. Jedenfalls habe ich gerade keine Bonbons hier. Tut mir leid, bekommst du dann morgen."

„Und morgen verschieben Sie es wieder. Und dann wieder", quengelt Malte.

„Jetzt weißt du wenigstens, wie es ist, wenn du mir deine Hausaufgaben zeigen sollst", sage ich und beende damit die Diskussion.

Auf dem Weg zum Auto läuft mir jemand über den Weg, der mit aller Macht versucht, mich zu beeindrucken, um in mein Buch zu kommen. Er balanciert einen Besen auf seiner Nase und raschelt mit dem großen Schlüsselbund, jongliert ein paar jauchzende Schulkids, während er gleichzeitig den Rasen mäht. Doch ich bleibe nicht stehen, sondern gehe direkt zu meinem Volvo rüber, den ich etwas abseits der Schule geparkt habe.

Ich suche meine ABBA-CD und finde stattdessen eine Tüte mit Bonbons. Als hätten Süßigkeiten eine Anziehungskraft auf dieses kleine Dickerchen, läuft Malte genau in diesem Moment an meinem Wagen vorbei.

Ich fahre ihm im Schritttempo hinterher.

„Hey, Malte“, sage ich, als ich ihn eingeholt habe.

Malte bleibt neugierig stehen.

„Komm doch mal her“, fordere ich ihn ungeduldig auf.

Malte kommt auf mich zu.

„Ich habe hier Bonbons im Auto. Möchtest du einen haben?“

Zugegeben, für Außenstehende mag diese Szene etwas suspekt wirken, aber was nun passiert, sprengt alle Rahmen.

„Hilfe! Hilfe“, ruft eine ältere Dame vom Bürgersteig aus.

Zuerst denke ich, dass die arme Frau einen Anfall erleidet und öffne rasch die Fahrertür, um ihr zur Hilfe zu kommen. Bedauerlicherweise, ohne vorher in den Rückspiegel geschaut zu haben. Ein Radfahrer prallt frontal gegen meine Fahrertür und ist sofort bewusstlos. Das Fahrrad liegt komplett demoliert neben ihm, nur das Pedal dreht sich ratternd in der Luft.

„Scheiße“, sage ich laut.

Die alte Dame ruft noch immer um Hilfe. Ich lasse den Radfahrer vorerst am Boden liegen und sprinte zu der hilflosen Frau. Doch als ich mich nähere, schreit sie immer lauter.

„Bleiben Sie stehen!“, ruft plötzlich jemand durch ein Megafon. Blaues Sirenenlicht blendet mich. Ich halte meine Hände schützend vor die Augen! Nach einigen Sekunden wage ich einen Blick durch meine Finger. Ich bin von einem Polizeitrupp umzingelt und schaue in den Lauf Dutzender Revolver.

„Hände hoch“, sagt der Polizeichef.

„Nur, wenn Sie dieses grelle Licht ausmachen“, sage ich schnippisch.

Diese Antwort ist dem Polizeichef in seiner ganzen Laufbahn wohl noch nicht untergekommen, denn sein Blick verdunkelt sich und er umklammert die Waffe nun mit beiden Händen.

„Wollen Sie uns etwa erpressen?“, ruft er und feuert einen Warnschuss ab.

Warum er nicht wie jeder normale Polizist einfach in die Luft schießen kann, sondern mir unbedingt meine Heckscheibe zerballern muss, ist mir allerdings ein Rätsel.

Mittlerweile hat sich eine ganze Heerschar von Schaulustigen an der Straße versammelt. Die meisten haben ihre Handys gezückt, drehen Liveaufnahmen und Insta-Storys. Noch immer liegt der Radfahrer am Boden, zumindest hat er eben einmal kurz geblinzelt. Auf der anderen Autoseite steht der nur mäßig interessierte Malte mit der Bonbontüte, die er aus meinem Wagen genommen hat.

„So, alter Freund“, sagt einer der Polizisten, als er mir die Handschellen anlegt.

„Tut mir leid, kennen wir uns?“, frage ich daraufhin freundlich.

„Wenn ja, hast du ein mächtiges Problem. Wiederholungstäter hasse ich noch mehr als Leute, die sich bei der Polizei einschleimen wollen.“

„Wie recht Sie haben“, stimme ich ihm zu und ernte einen vernichtenden Blick.

Ein Protokollant kommt herbeigeeilt.

„Können Sie uns berichten, was geschehen ist?“, fragt der Polizeichef die alte Dame. Alle Kameras sind nun auf sie gerichtet, was sie aber keineswegs zu verunsichern scheint.

„Der da!“, sagt sie aufgebracht und zeigt auf mich, „der wollte einen armen kleinen Lausbub mit einem Bonbon in sein Auto locken.“

Ein Raunen geht durch die Menschenmenge. Die Handykameras schwenken auf mich. Der Polizeichef räuspert sich und alle Handys schwenken zurück zu ihm.

„Stimmt das?“, fragt er mich.

„Nee“, sage ich und so manch einer hat die Handyschwenkerei bereits aufgegeben.

„Damit ist die Sache doch geklärt“, sagt ein anderer Polizist, der offensichtlich keine große Lust auf den Einsatz hat.

„Und was ist dann das?!“, fragt der Polizeichef und deutet auf den schmatzenden Malte. Der Junge scheint mir kein bisschen helfen zu wollen, klar, warum auch? Ich habe ja auch schließlich keine Bonbons mehr für ihn.

„Da liegt auch noch ein toter Mann“, sagt die alte Dame.

Erneut geht ein Raunen durch die Menge und die Handykameras schwenken auf den Fahrradfahrer.

„Jetzt machen Sie mal halblang, der ist doch nur bewusstlos“, sage ich.

„Wollten Sie den auch entführen?“, fragt der Polizeichef grimmig.

„Nee“, sage ich. „Den kenne ich gar nicht.“

Der Polizeichef ist plötzlich ganz aufgebracht.

„Aha! Den kleinen Jungen kennen Sie also schon länger?“

„Natürlich. Ich bin ja schließlich sein Grundschullehrer“, sage ich, um das Missverständnis aufzulösen.

Diese Erklärung wirkt auf die Zaungäste leider nur noch skandalöser.

„So ein widerliches Schwein“, brüllt ein Typ.

„Ekelhaftes Monster“, kreischt eine Frau.

„Ich kenne diesen Mann! Er unterrichtet die Parallelklasse meines Sohnes!“, ruft eine junge Mutter bestürzt.

„Scheiße, Akku leer“, flucht ein Junge und skatet von dannen.

Es dauert eine volle Stunde, bis ich die ganze Angelegenheit geklärt habe. Bis dahin ist auch der Radfahrer erwacht und die Bonbontüte von Malte geleert.

Vänni, die mich im Fernsehen erkannt hatte, war sofort herbeigeeilt und konnte mich mit ihrem Charme wortwörtlich aus der Schussbahn nehmen. Zum Glück hat niemand ihre Daten geprüft, denn was zählen in unserer heutigen Gesellschaft schon die Worte einer guten Bekannten, die frisch aus der Psychiatrie entlassen wurde?

Die alte Frau hingegen bleibt bei ihrer Geschichte. Sie wisse, was sie gesehen habe! Gut, ganz verübeln kann man es ihr nicht. Eigentlich gut, dass sie so aufmerksam durchs Leben geht. Der Polizeichef hingegen entschuldigt sich für die zerschossene Heckscheibe. Kurz darauf beginnt Malte über Bauchschmerzen zu klagen.

Tja, Ende gut, alles gut.

ZWEI BUNTE, ZWEI WEINENDE UND ZWEI BLINDE AUGEN

Björn liegt auf der Couch, beide Augen blau umrandet.

Was war geschehen?

Björn berichtete mir, dass er beim Durch-die-Straßen-Schlendern in einen Tumult geraten war. Überall wären Polizisten und Schaulustige gewesen, außerdem ein Mann, der erstaunliche Ähnlichkeit mit mir gehabt hätte. Ohne weiter über dieses verblüffende Phänomen nachzudenken, hätte er sein Handy herausgeholt und das Geschehen gefilmt – genau wie alle anderen auch. Er hätte seine Aufnahmen dann einem Journalisten im Tausch gegen ein Fischbrötchen überlassen.

Und bevor Björn den letzten Satz zu Ende bringen konnte, jagte ich ihn durch die Wohnung. Unglücklicherweise lief er dabei gegen die Türkante und stolperte. So kam er zu seinem ersten Veilchen. Wie bei Malte regelte also auch hier das Karma, dachte ich. Als Björn dann feststellte, dass so ein einzelnes blaues Auge blöd aussieht, schminkte er sich kurz darauf das andere Auge in der gleichen Farbe. Dass man ihn so noch viel weniger ernst nehmen kann, habe ich ihm nicht verraten. Außerdem muss er es andauernd nachschminken, da sich die Farbe des angeschwollenen Auges stetig ändert. Er mischt schon wieder die Farben.

„So ein Mist“, klagt er. „Das war eine Prise zu viel Gelb.“

„Mischen Impossible“, sage ich stumpf.

„Haha. Hab schon Bessere gehört“, sagt Björn.

„Das will ich wohl hoffen“, sage ich und schaue auf mein Handy. „So, ich muss gleich los. Carolina wollte sich noch mit mir treffen. Sie wollte eigentlich schon vor drei Stunden vorbeikommen, aber das war mir dann doch zu früh.“

Björn schüttelt den Kopf.

„Vor drei Stunden stand doch noch nicht einmal die Sonne im Zenit. Diese Frau wäre eindeutig nichts für mich.“

„Diese Frau ist noch aus wesentlich triftigeren Gründen nichts für dich“, stelle ich klar. „Aber mal eine Frage: Angenommen, du hättest die Wahl zwischen einer unsympathischen Langschläferin oder einer attraktiven, sympathischen Frühaufsteherin?“

Björn schaut mich an.

„Sympathische Frühaufsteherin?“, sagt Björn lachend.

„Ja, ich weiß schon. Aber sag jetzt mal.“

Wie unsympathisch ist denn die Langschläferin?“, fragt Björn unschlüssig.

„Sehr unsympathisch“, sage ich und schüttele ungläubig den Kopf darüber, dass Björn bei dieser Frage tatsächlich noch unentschlossen ist.

„Dann trotzdem die Langschläferin“, sagt Björn.

Ich schlage mir mit der flachen Hand gegen die Stirn.

„Es sei denn, sie schnarcht“, fügt Björn hinzu.

„Wow, du hast ja richtig hohe Ansprüche“, sage ich trocken. „Apropos trocken ...“

„Du hast doch gar nichts von trocken gesagt?“, meint Björn verwundert.

„Ach richtig. War in Gedanken schon wieder bei meinem Buch“, entschuldige ich mich. „Ich wollte jedenfalls sagen, dass du hier mal wieder komplett durchwischen könntest. Und mit ‚könntest‘ meine ich ‚musst‘!“

„Och“, sagt Björn und gähnt. „Kannst du nicht wischen? Du machst das so gut.“

„Ich kann dir gleich mal eine wischen, mein Freund“, drohe ich.

„Oh Mann. Hast du noch so einen lustigen Wortwitz parat?“, fragt Björn genervt.

„Nee, das kannst du dir abschminken“, sage ich und deute auf Björns Auge.

Dann mache ich mich auf den Weg zu Carolina.

An der Eingangstür werde ich heftig gedrückt und geküsst.

„Es tut mir so leid“, sagt Carolina immer wieder.

Schöne Begrüßung, denke ich und ahne gleichzeitig, dass nun direkt ein unangenehmer Teil folgen wird.

„Was genau tut dir leid?“, frage ich langsam.

Dann erzählt sie mir, dass sie mich im Fernsehen gesehen hat, mit dem Untertitel ‚Verdächtiger Grundschullehrer in Lilleholm gefasst‘. Zuerst habe sie das alles noch nicht wirklich glauben können, was da über ihren Liebhaber erzählt wurde, aber der Bericht der älteren Dame und die Bilder mit Malte und dem bewusstlosen Radfahrer waren so einleuchtend, dass Carolina irgendwann nicht mehr wusste, was sie überhaupt noch glauben sollte. Erst nach meiner Stellungnahme war sie sich dann wieder sicher, dass ich zu Unrecht in der Misere steckte.

„Hmm. Ich weiß nicht so ganz, was ich davon halten soll“, sage ich ehrlich.

„Ich schäme mich echt dafür, Ole“, sagt Carolina mit geröteten Augen. „Im ersten Augenblick war ich halt einfach nicht deine Freundin, sondern die Mama von Kathi. Ich hätte nicht zweifeln sollen.“

Sie wedelt mit ihrer Hand vor den Augen, um die Tränen zu unterbinden. Ich hasse es, wenn jemand weint. Das weckt meinen Beschützerinstinkt und so schiebe ich meinen Zorn über ihr mangelndes Vertrauen beiseite.

„Na, na“, sage ich und nehme sie in den Arm. „Ist ja alles gut.“

Ich merke, wie ihr verwischtes Make-Up mein neues weißes Shirt anzugreifen versucht, weswegen ich heimlich an Carolinas Haaren ziehe, damit sie den Kopf wieder hebt.

„Und weißt du, was am schlimmsten ist?“, sagt sie schluchzend.

„Nee“, sage ich und muss es eigentlich auch nicht unbedingt wissen.

„Als ich gesehen habe, wie deine Nachbarin dir geholfen hat, da war ich nicht etwa froh darüber oder ihr gar dankbar, sondern eifersüchtig und wütend.“

„Vänni?“, frage ich schmunzelnd. „Ach, Vänni doch nicht. Ich meine, sie ist wirklich ein toller Mensch, aber zwischen ihr und einer Romanze mit einem Mann liegen noch Tausende andere Dinge. Kirschohrringe, Blümchenringe aus Kaugummiautomaten oder Zauberbohnen vom Trödelmarkt. Du brauchst dir da echt keine Sorgen zu machen.“

Carolina guckt mich an.

„Nein, Ole, ich bin eine Frau, wir sehen so etwas. Ich habe es im Fernsehen mitverfolgt, wie sie dich beschützt hat, wie sie sich wie eine Löwin zwischen dich und die Polizei gestellt hat, wie sie von dir geschwärmt hat, wie sie dich angelächelt hat, um dir zu signalisieren, dass alles gut werden wird. Wie sie flüchtig immer wieder zu dir geguckt hat. Aber du hast recht, ich sollte dir vertrauen und mich nicht so viel sorgen“, sagt sie schnell und streichelt mir dann liebevoll über die Haare.

Ich halte Carolina noch eine Weile im Arm, muss dabei jedoch unentwegt an ihre letzten Worte über Vänni denken.

DIE GESCHICHTE VOM KLEINEN KRANKEN PIEPMATZ

Wenn ihr also eines Tages, vielleicht auf dem Weg zur Schule, ein krankes Tier am Boden liegen seht, was macht ihr dann? Ja, Paulchen?"

„Kommt darauf an", überlegt Paulchen laut. „Wenn es so ein großes Tier ist wie zum Beispiel ein Bär, dann renne ich fix nach Hause. Wenn ich morgen also nicht in die Schule kommen sollte, Herr Svensson, dann wissen Sie Bescheid."

Ich nicke müde und massiere mir die Schläfen.

Arne meldet sich.

„Ja, Arne?"

„Vor einem Bären soll man aber nicht wegrennen, da soll man sich tot stellen", erklärt Arne in bester Strebermanier und schiebt dann mit dem Zeigefinger die Brille auf seiner Nase hoch.

„Na, aber nicht, wenn er krank ist", wirft Paulchen herausfordernd ein. „Ich bin so flitzeschnell, ich bin wie so ein Superauto mit Turbo hinten dran."

Er untermalt seine Beschreibung mit lauten Motorengeräuschen, die anderen Jungen unterstützen ihn dabei tatkräftig, besonders Eiki findet dabei kaum ein Ende.

„Ich wollte eigentlich auf etwas anderes hinaus", sage ich seufzend. „Dann muss ich wohl noch ein bisschen konkreter werden. Also, in unserem Fall handelt es sich bei dem Tier nicht um einen kranken Bären, sondern um einen kleinen kranken Vogel. Was würdet ihr dann machen?"

„Der arme kleine Piepmatz", piepst Ida traurig.

„Ist doch nur eine Geschichte", beruhigt Jonas seine Freundin.

Moritz meldet sich.

„Ja, Moritz?"

„Ich würde den Vogel wegtun, bevor der Bär kommt."

„Lasst jetzt mal den Bären weg", sage ich genervt. „Ja, wie wäre es mit dir, Finja?"

Arne verdreht die Augen.

„Ich würde den Vogel wegtun, bevor eine Oma darüber stolpert", sagt sie.

„Hmm", sage ich. „Andere Vorschläge?"

„Ich würde ihn in die Luft werfen", sagt Maja, woraufhin sie von allen Kindern und mir entsetzt angestarrt wird. „Na, damit der wieder fliegt", erklärt sie.

Damit gibt sich die Klasse zufrieden.

„Ich würde den Vogel zudecken", sagt Lisa.

„Du hast doch gar keine Decke dabei", sagt Arne.

„Dann wärme und streichele ich ihn mit der Hand", verbessert sich Lisa.

„Ich hab auch schon mal Ziegen gestreichelt", sagt Malte patzig.

„Auch das ist keine zufriedenstellende Antwort", sage ich.

Malte denkt noch einmal nach.

„Ich gucke, ob das kleine Vögelchen Süßigkeiten bei sich hat und esse sie für ihn. Er darf ja nichts Süßes essen, wenn er krank ist", erklärt er seine Aufopferung.

Einige in der Klasse nicken zustimmend.

„Ich würde warten, bis die Würmer kommen und sich rächen", sagt Sarah leise.

Ein Schauer läuft mir über den Rücken.

„Nicht anfassen", ruft Eiki plötzlich laut. „Kranker Vogel nicht anfassen."

Ich klatsche laut in die Hände, woraufhin Jenni müde den Kopf von der Schulbank hebt, der aber kurz darauf wieder der Erdanziehungskraft unterliegt.

„Bravo, Eiki. Das ist die richtige Antwort. Fasst den Vogel bitte nicht an. Ihr wisst ja gar nicht, warum er da liegt. Wahrscheinlich hat er irgendwelche übertragbaren Keime und dann werdet ihr selber krank.

Wenn ihr dem Vogel aber schon unbedingt helfen wollt, sagt einem Erwachsenen Bescheid."

Kathi meldet sich.

„Die Geschichte ist dann aber mal gut ausgegangen, okay?", sagt Kathi.

Ein kleiner Vogel fliegt plötzlich an unserem Fenster vorbei.

Ich muss lächeln.

„Die Geschichte ist noch längst nicht vorbei", sage ich, zeige auf den fröhlichen Vogel und die Kinder strahlen.

Dann donnert der Vogel gegen die Fensterscheibe.

KOMMT ZEIT, KOMMT UNRAT

Björn lehnt sich zurück.

„Oh, Mann", sagt er. „Carolina hat vermutlich weitaus mehr recht, als du glaubst."

Ich habe Björn von Carolinas Beobachtungen bezüglich Vänni berichtet, um mir eine weitere Meinung einzuholen, möge sie in diesem Fall auch nur so gewichtig sein wie eine Stabheuschrecke auf Diät.

„Denkst du echt?", sage ich, wenig überzeugt.

Björn nickt.

„Oder sie steht auf mich", sagt er und durchwuschelt sein fettiges Haar. Ein verschreckter Käfer fliegt im hohen Bogen durch die Luft.

„Na ja, wenn es nur die zwei Möglichkeiten gibt, dann hat Carolina tatsächlich recht", sage ich. „Aber wahrscheinlich hat die Eifersucht ihre Wahrnehmung getrübt. Ich meine, guck dir doch Vänni an. Sie ist einfach immer nett und hilfsbereit. Wir beide sind ja auch ihre einzigen Bezugspersonen in ihrem neuen Leben und davor waren es die Professoren."

Björn nickt.

„Joa, stimmt wahrscheinlich. Außerdem weiß sie ja, dass du eine Freundin hast."

„Eben", sage ich. „Bestimmt hat sich Carolina nur geirrt."

„Ich will ihr ja nicht zu nahetreten, aber deine Freundin könnte sich von Vänni ruhig einmal eine Scheibe abschneiden. Dafür, dass Vänni womöglich doch nichts für dich empfindet, kümmert sie sich nämlich viel besser um dich als Carolina."

„Tja, sie empfindet aber nichts für mich", sage ich trotzig.

Björn zieht eine Augenbraue hoch.

„Also, wenn Vänni auf dich stehen würde ..."

„Quatsch. Das will ich damit gar nicht sagen. Carolina und ich gehören einfach zusammen. Und Vänni gehört zu irgendeinem anderen besonderen Menschen", falle ich Björn ins Wort.

„Mit ‚besonders' meinst du ‚verrückt'?", fragt Björn.

„Nein", protestiere ich. „Sonst hätte ich ‚verrückt' gesagt. Und Carolina hat außerdem viel weniger Zeit, sich um mich zu kümmern. Sie hat schließlich noch Kathi."

Björn schüttelt den Kopf.

„Für ihren Ex-Freund nimmt sie sich schließlich auch Zeit. Dauernd verteidigst du sie."

„Was ist dein scheiß Problem?", frage ich wütend. „Hat dich jemand nach deiner Meinung gefragt?"

„Joa, hast du", sagt Björn. „Und meine Meinung ist, dass du deine Freundschaften ein bisschen mehr wertschätzen solltest."

Dann holt er sich ein paar unaufgetaute Burger aus dem Kühlschrank und verschwindet in sein Zimmer. Ich denke noch ein bisschen nach und merke dann, dass ich tatsächlich ein bisschen unfair zu Björn war.

Ich klopfe an sein Zimmer.

„Herein, wenn es kein Halsabschneider ist", ruft er.

„Moin", sage ich. „Du, sorry wegen vorhin. Habe ein paar anstrengende Tage hinter mir. Und die Sache mit Carolinas Ex-Freund ist echt ein heikles Thema. Tut mir echt leid."

Björn winkt ab.

„Kein Problem“, sagt er. „Kein Mensch ist perfekt.“

Ich nicke.

„Außer ich“, zwinkert Björn.

„Außer mir“, lache ich. „Haste deine Behauptung ja gleich gut untermauert.“

„Mach dich nicht über mich lustig, sonst lade ich dich nicht zu meinem nächsten Geburtstag ein“, droht Björn in bester Grundschulmanier.

Ich zucke die Schultern.

„Bleiben ja immer noch drei andere Geburtstage im Jahr.“

HART, ABER UNFAIR

Es ist nun zwei Wochen her, dass ich das letzte Mal an meinem Buch weitergeschrieben habe. In dieser Zeit haben Carolina und ich uns getrennt. Nun bin ich wieder Single.

Was der genaue Grund war? Carolina hat gemerkt, dass wir alles miteinander überstürzt haben. Sie hat gemerkt, wie wenig sie mich kennt, wie schwer es ihr fällt, mir zu vertrauen, dabei hatte sie mir viel mehr Anlass zum Misstrauen gegeben. Den Ausschlag für die Trennung gab dann aber Kathi, die eines Nachmittages begeistert von Vännis Besuch im Klassenzimmer und dem romantischen Wangenkuss zwischen Vänni und mir berichtete.

Ich bin mittlerweile über die schlimmste Zeit hinweg und bin natürlich auch professionell genug, Privates und Berufliches zu trennen.

„So, Kinder, verteilen wir jetzt einmal die Referate“, sage ich.

Kathi meldet sich.

„Ja, Kathi?“

„Ich muss mal auf Toilette“, sagt sie zaghaft.

„So, auf Toilette, hmm?“, sage ich langsam.

„Ist jetzt nicht so überraschend“, lacht Moritz.

Kathi kichert verlegen.

„Das ist ja typisch“, sage ich spottend. „Kaum wird es ernst, wird die Flucht ergriffen, was? Ich mach mich hier zum Affen und mühe mich ab, und dann will man einfach mal so die Biege machen, so ist es doch, oder? Irgendein banaler Spruch, anstatt mir einfach die Wahrheit ins Gesicht zu sagen. Sich immer aus der Verantwortung ziehen, wie?“

„Öhm“, sagt Kathi. „Ich habe jetzt nicht alles verstanden, aber ich muss wirklich auf die Toilette, Herr Svensson. Dringend!“

„Ach plötzlich so dringend, ja? Kann auf einmal gar nicht mehr schnell genug gehen, was?“, setze ich giftig nach.

Kathi nickt lächelnd.

„Ja, genau, Herr Svensson“, sagt sie eifrig.

„Tja, meine Liebe. Erst sollst du dein Referat bekommen“, sage ich kühl.

„Na gut“, sagt Kathi leichthin.

„Strukturen und Prozesse der Vergesellschaftung“, weise ich ihr zu.

„Oh“, sagt Kathi. „Das klingt ja ganz schön schwer.“

Ich zucke die Schultern.

„Wir sollten uns langsam an das Schulniveau gewöhnen“, kontere ich.

„Darf ich über Dinos machen?“, ruft Paulchen dazwischen.

„Ja, klar, kein Problem“, sage ich.

„Darf ich auch mit Moritz zusammen machen?“, fragt Paulchen.

„Ich wollte aber über Hot Wheels reden“, sagt Moritz.

Paulchen meldet sich.

„Wieso meldest du dich jetzt, Paulchen? Hast du doch davor auch nicht.“

„Stimmt“, sagt Paulchen und nimmt die Hand herunter. „Also, dürfen Moritz und ich ein Referat machen über Dinos mit Hot Wheels?“

„Ja“, sage ich. „Das ist ein angemessenes Thema, das kann man ruhig zu zweit machen.“

„Darf ich auch mit jemandem zusammen machen?“, fragt Kathi.

„Kathi, bitte melde dich“, ermahne ich Kathi.

Kathi meldet sich.

„Ja, Kathi?“, frage ich.

„Darf ich auch mit jemandem zusammen machen?“, fragt Kathi erneut.

Ich nicke.

„Natürlich“, sage ich süffisant. „Also, liebe Kinder, wer möchte denn mit der lieben Kathi ein Referat über Strukturen und Prozesse der Vergesellschaftung ausarbeiten?“

Ich blicke in die Runde. Alle Kinder begutachten interessiert ihre Finger. Malte probiert sogar den Geschmack seiner Finger.

„Keiner?“, frage ich mit gespielter Verwunderung. „Das überrascht mich jetzt, Kathi. Tut mir echt leid.“

Kathi winkt ab.

„Macht nichts, Herr Svensson“, sagt Kathi sorglos. „Ist vielleicht gar nicht so ein schlechtes Thema. Ich werde mir schon einmal ein paar Gedanken und auf Klo ein paar Notizen machen. Hängt ja überall Papier.“

Dann verlässt sie fröhlich mit einem Stift in der Hand das Klassenzimmer. Verdammt, denke ich. Und darum sollte man Berufliches und Privates trennen. Denn jetzt muss ich mir einen megalangweiligen Vortrag anhören.

TRAUE KEINEM FISCH OHNE GRÄTEN

„Hmm, was riecht denn hier so lecker?“, sagt Björn.

Mein Mittagessen scheint ihn aus seinem Bett gelockt zu haben.

„Kannst dir gerne etwas nehmen“, biete ich ihm an.

„Das ist aber nett“, sagt Björn erfreut. „Was ist es denn genau?“

Ich drücke ihm die Verpackung in die Hände.

„Panierter Seelachs mit feinen Kräutern“, liest Björn vor. „Klingt gut.“

„Na ja, wenn du mich fragst, sollte es eher ‚Panierte Scheiße mit grünem Konfetti‘ heißen“, sage ich verbittert.

Ja, meine Laune ist immer noch im Keller.

„Doch nicht so gut?“, fragt der aufmerksame Björn.

„Die können mir ja sonst etwas von Fisch erzählen, aber ich könnte wetten, dass die hier nicht irgendeine Angel ins Wasser gehalten haben, sondern in der dreckigsten Gasse eine Ratte aus einer Mülltonne gezogen und dann in die Fritteuse geworfen haben.“

Björn zuckt die Schultern.

„Sieht eigentlich ganz nett aus.“

„Joa. Man muss fairerweise sagen, dass es gar nicht so schlecht aussieht, wie es schmeckt.“

„Das überzeugt mich“, sagt Björn und nimmt sich den sogenannten Seelachs.

Selbst Björn verzieht beim Essen das Gesicht und dabei erträgt sein Gaumen schon seit Jahren seine eigenen dilettantischen Kochkünste.

„Na ja“, sagt er mit gerötetem Gesicht. „Wenigstens seit langer Zeit mal wieder ein Fisch ohne Gräten.“

„Woher auch“, murmele ich.

„Wenigstens hilft es mir bei meiner Diät“, meint Björn optimistisch. „Der Appetit ist mir irgendwie vergangen.“

„Hmm“, überlege ich. „Vielleicht ist das für Leute mit Übergewicht ja tatsächlich gar nicht so schlecht.“

Ich werfe mich auf die Couch. Dabei knacken ein paar Salzstangen, die sich irgendwo unter den Kissen befinden müssen. Ich verschränke die Hände unterm Kopf und starre gedankenverloren an die Decke.

„Sag mal, warst du eigentlich vorhin an meinem Laptop?", frage ich Björn.

„Nein, wieso sollte ich?", stellt sich Björn unwissend, während er schon wieder irgendwelche Fressalien in den Mund stopft, die sich vor ihm nicht verstecken konnten.

„Weil deiner doch kaputt ist", sage ich.

„Das ist doch kein Grund", sagt Björn ungerührt.

„Und weil mein Laptop plötzlich so laut wie eine kaputte Waschmaschine ist", setze ich nach.

„Du bist gemein", sagt Björn.

„Und du ein Idiot", ergänze ich.

„Nur weil du dein Zeug kaputt machst, lasse ich mich hier nicht beschimpfen", sagt Björn trotzig.

„So? Komisch, ich habe dann jedenfalls die letzten Internetseiten aufgerufen. Du glaubst nicht, was ich da alles gefunden habe. Unter anderem hat jemand bei www.Seriensuchties.lil die letzte Folge von Gute Zombies Schlechte Zombies geguckt, die du ja gestern zufällig verschlafen hast. Dann hat sich noch jemand bei eBay nach Bettsocken und einem neuen Laptop umgeschaut."

Björn rutscht unruhig auf seinem Stuhl hin und her.

„Bei Google kam auch als letzte Suchfrage, wie man am besten verhindert, dass jemand Internetrecherchen verfolgen kann. Offensichtlich warst du im falschen Forum, mein Freund."

Björn starrt mich einige Zeit an.

„Angenommen, ich wäre es gewesen ...", sagt Björn dann langsam.

„Wäre ich enttäuscht, dass du mich nicht vorher gefragt hast, aber es wäre jetzt auch nicht so schlimm. Brauche eh mal wieder einen neuen Kühler", antworte ich.

„Echt?", fragt Björn erleichtert.

„Echt", bestätige ich.

„Du würdest mich echt nicht verhauen?“

Ich lache.

„Quatsch.“

„Wirklich?“, fragt Björn.

„Wenn ich es dir doch sage“, verspreche ich.

„Ich meine, man könnte da ja schon sauer sein“, sagt Björn.

„Ach, nun mach mal einen Punkt“, lache ich und winke ab.

„Okay, ich war es“, sagt Björn schnell.

Ich nicke gelassen.

Björn ist die Erleichterung deutlich anzusehen. Ich schlendere gähnend zu ihm in die Küche.

„Was machen wir jetzt? Der Tag ist ja noch jung“, meint Björn fröhlich.

Ich gehe schweigend zu unseren Küchenregalen.

„Willst du was backen?“, fragt Björn neugierig. „Oder warum holst du das Nudelholz – Hey! Au. Aua. Aaaaaaaaah. Aua! Scheiße, hör auf. Komm schon. Bitte! Au. Hör bitte auf! Nein, ah, nicht auf den Arm, nein, auch nicht ans Schienbein bitte, aua auaauaauaaua. Autsch! Doch lieber wieder auf den Arm! Au!!! “

SPORT IST IHR HOBBY

Heute übernehme ich den Sportunterricht von Fräulein Småland, die sich beim Hammerwerfen die Schulter ausgerenkt hat.

Dass ich weder einen Plan vom Lerninhalt noch die Begabung für das Fach habe, interessiert hier keinen.

„Also, was macht ihr denn aktuell so im Sportunterricht?“, frage ich Jonas.

„Geräteturnen“, antwortet er.

„Pfui", sage ich. „Das kann ich nicht. Was habt ihr denn davor gemacht?"

„Aerobic und Fitness", sagt Jonas.

„Hmm, nee. Und davor?"

„Keine Ahnung. Da hatte ich eine Sportbefreiung, wegen meinem Kopf", erinnert sich Jonas und klopft sich auf seinen speziell angefertigten Sporthelm.

„Na ja, ist ja auch egal", sage ich. „Also dann, rennt erst einmal sinnlos ein paar Runden im Uhrzeigersinn."

Die Kinder jubeln begeistert. Wie die Bekloppten stürmen sie sofort los, alle in ihrem selbst interpretierten Uhrzeigersinn.

Die Sporthalle ist eigentlich groß genug, doch natürlich lassen es sich die Kids nicht nehmen, in vollem Tempo gegeneinander zu rennen. Die meisten machen es jedoch zum Glück nur einmal.

Ich beobachte die Bank, auf der Malte, Lisa und Arne sitzen und so tun, als wären ihre Schnürsenkel offen. Ich laufe zu ihnen, während Eiki gerade lachend in Paulchen hinein rennt. Der Knall erzeugt einen interessanten Halleffekt.

„Was ist denn los?", frage ich die drei Bankdrücker.

„Och", sagt Arne, „wir gucken uns das Ganze lieber von außen an, Herr Svensson."

Ich blicke auf die Karambolage und nicke.

„Na gut", sage ich. „Aber nach dem Gemetzel hier bleiben die Schuhe geschnürt."

Die drei nicken und machen dann ihre Schuhe erneut auf, um sie wieder zu binden.

Geduldig warte ich, bis alle ihre Runden gelaufen sind. Manch einer braucht jedoch ein paar Runden mehr, um richtig warm zu werden.

„Hallo, Herr Svensson", rufen Paulchen, Jonas und Moritz, als sie vorbeiflitzen.

„Hi", sage ich.

„Hallo, Herr Svensson", rufen Paulchen, Jonas und Moritz erneut, als sie vorbeiflitzen.

„Hi", sage ich.

„Hallo", rufen Paulchen, Jonas und Moritz, als sie wieder an mir vorbeiflitzen.

„Hi", sage ich.

„Hä", keuchen Paulchen, Jonas und Moritz, als sie an mir vorbeijoggen.

„Hi", sage ich.

„Uff", stöhnen Paulchen, Jonas und Moritz, als sie sich halbtot auf den Boden werfen.

„Was immer ihr meint", sage ich trocken.

„Und jetzt?", fragt Maja.

„Weiß nicht", sage ich schulterzuckend.

„Basketball vielleicht?", schlägt Ronja vor.

„Hab die Bälle gerade getestet, sind kaputt. Mit denen kann man nicht prellen. Haben wohl einen Platten", antworte ich.

„Das waren ja auch die Medizinbälle", sagt Arne leise.

„Können wir etwas spielen?", piepst Ida, die heute ein Stirnband trägt.

„Von mir aus. Wie wäre es mit Feuer, Wasser, Sturm?", frage ich.

„Oh ja", jauchzt die ganze Klasse vor Freude.

„Gut, kennt ihr alle die Regeln?"

Die ganze Klasse schüttelt den Kopf.

Ich seufze.

„Alles klar. Ihr rennt alle in der Halle, möglichst ohne euch den Schädel einzurammen. Wenn ich ‚Feuer' rufe, müsst ihr euch auf den Boden werfen, wenn ich ..."

„Wieso?", fragt Arne dazwischen. „Wenn es brennt, muss ich mich doch nicht auf den Boden werfen."

„Ja, aber das ist halt in dem Spiel so", erkläre ich.

Arne und Lisa starren mich an.

„Das ist pädagogisch ja überhaupt nicht wertvoll", meint Arne weiter.

„Ja, können wir uns lieber wieder den Schädel einrammen?", fragt Paulchen.

Eiki klatscht begeistert in die Hände.

„Nichts da“, rufe ich energisch und mache dem autoritären Sportlehrertypen dabei alle Ehre. „Also noch einmal. Bei ‚Feuer‘ auf den Boden werfen, bei ‚Wasser‘ müsst ihr auf die nächste Bank steigen, Hauptsache, ihr berührt nicht den Boden, und bei ‚Sturm‘ rennt ihr in eine der vier Ecken. Wer einen Fehler macht, scheidet aus. Noch irgendwelche Fragen?“

Alle Hände gehen nach oben.

„Prima, dann lasst uns anfangen.“

Der Probelauf klappt super. Als ich ‚Wasser‘ rufe, wirft sich die halbe Klasse instinktiv auf den Boden. Kathi und Jenni rennen zur nächsten Ecke, Arne geht im Schneckentempo zur Bank und wird dabei noch von Moritz überholt, der sich erst auch auf den Boden geworfen hatte. Eiki dreht sich lachend im Kreis und guckt dabei staunend an die Decke. Sarah hingegen bleibt stehen und schließt fest die Augen, als könne sie so dem Wasser entkommen. Den Probelauf gewonnen hat übrigens Lisa, die aber bereits auf der Bank saß, um erneut ihre Schuhe zu binden.

Ich will gerade das nächste Signal geben, als sich Malte auf den Boden legt.

„Das war knapp“, sagt er keuchend zu der neben ihm liegenden Ida.

Nach dem nächsten Durchgang entscheide ich, dass wir lieber doch ohne Ausscheiden spielen, da sich kein einziges Kind gemerkt hat, bei ‚Sturm‘ in die Ecke zu rennen. Doch nach und nach werden die Regeln umgesetzt und wir können ein paar Variationen einbauen, zum Beispiel bei dem Befehl ‚Pfau‘ schnell ein Rad schlagen oder sich bei ‚Björn!‘ schlafen legen und lauthals schnarchen.

„Wir beenden die Stunde mit einem kräftigen Sport ...“

„FREI“, ruft die Klasse aus Leibeskraft und rennt dann vergnügt in die Umkleidekabine. Fröhlich pfeifend packe ich meine Sachen zusammen und will aus der Halle treten, als mir plötzlich Carolina entgegenkommt. Noch ehe ich etwas unternehmen kann, fällt sie mir um den Hals und küsst mich.

KEINE AHNUNG, WIE ICH DIESES KAPITEL NENNEN SOLL

„Sie hat was?“

Björn kippt fast aus den Latschen.

„Ja, ich weiß auch nicht, was da passiert ist.“

Björn kratzt sich hinterm Ohr.

„Und wie war es?“, fragt er.

„Komisch“, gebe ich zu. „Einerseits cool, aber es fühlte sich auch nicht wirklich richtig an.“

„Kenne ich“, sagt Björn verständnisvoll. „Das denke ich auch immer, wenn ich Halle Berry küsse.“

„Ja, weil du dein Catwomen-Poster meinst! Bei mir war es schon real, nur eigentlich war ich ja sauer auf sie.“

„Und seid ihr jetzt wieder zusammen?“, fragt Björn.

Ich zucke die Schultern.

„Sie wollte die Trennung, sie hat die Trennung wieder aufgehoben. Vermute ich.“

„Na dann, Glückwunsch“, sagt Björn.

„Danke“, meine ich.

„Wird ja zum Schuljahresende doch noch alles gut. Dann können die Sommerferien ja richtig fetzig werden“, sagt Björn.

„Die einzige Abweichung von den Sommerferien zum übrigen Jahr ist für dich doch lediglich die Länge deiner Schlafanzugshose.“

„Das wird viel zu sehr unterschätzt in der Branche“, erklärt Björn.

„Oho“, sage ich. „Da spricht der Fachmann.“

Björn nickt.

„Ich wurde ja letztens auf der Arbeit interviewt. Du wirst dann nächste Woche einiges über den angesprochenen Einfluss der Kleidung auf den Schlaffluss und noch weitere durchaus interessante Aspekte der hohen Schlafkunst in der neuen Ausgabe von „Bed Taste“ nachlesen können.“

„Wow", sage ich. „Du bist ja richtig erfolgreich in deinem Job."

„Ich bin auch sehr fleißig. Ich drücke mich nicht vor der Arbeit", sagt Björn stolz.

„Da wird sich meine Mutter aber freuen, dass noch etwas aus dir geworden ist", sage ich. „Ich habe sie nämlich eingeladen zur Feier am Sonntag. Besser gesagt hat sie sich selbst eingeladen. Also nein, ich habe sie doch eingeladen, aber nur, weil sie ständig erzählt hat, dass sie neue leckere Tortenrezepte entdeckt hat."

„Das macht Sinn", sagt Björn. „Aber zu welcher Feier eigentlich?"

„Na ja, am Freitag ist mein letzter Schultag. Dann ist mein erstes komplettes Schuljahr als Lehrer vorbei!"

„Oh wie cool", sagt Björn. „Kommt Vänni auch?"

„Weiß nicht", sage ich. „Ich hatte sie eingeladen und sie hatte auch zugesagt, aber jetzt ist ja Carolina wieder da ... und ja, weiß nicht."

„Vänni ist deine beste Freundin, wo ist das Problem?", schnaubt Björn.

„Na ja, du hast ja gesehen, wie unsicher alles zwischen Carolina und mir ist. Ich will einfach nichts riskieren. Außerdem sind Oma und Mama bezüglich Vännis Krankheitsgeschichte ein bisschen voreingenommen. Ich will keine Szene provozieren."

„Hast du mit Vänni gesprochen?", fragt Björn.

„Sie ist nicht da", sage ich betrübt.

In letzter Zeit ist Vänni sehr oft außer Haus gewesen.

Seit dem Tag, als sie mich in der Schule abgeholt hatte, habe ich sie kaum noch gesehen. Nur noch ein einziges Mal, als wir nach dieser unglücklichen Polizeigeschichte gemeinsamen zusammen zu Abend gegessen haben. Das war vor drei Tagen. Da habe ich sie dann auch für die Wochenendfeier eingeladen.

„Irgendwie fehlt sie hier ein bisschen", seufzt Björn.

„Das kannst du laut sagen", seufze ich ebenso.

„Das", schreit Björn.

Ich nicke gedankenverloren. Bilder von unserer herzensguten Vänni und meiner wunderhübschen Carolina kreisen mir im Kopf.

„Mir geht es irgendwie nicht gut“, sage ich.
Björn schaut mich fragend an.
„Es ist wie etwas, das all die Zeit tief in mir drin war, mal stärker, mal schwächer. Doch jetzt gerade nimmt es jeden Zentimeter meines Körpers ein. Es dröhnt und ich habe Angst, jeden Moment zu platzen.“
Angewidert guckt Björn zu mir rüber.
„Alter, kenn ich, aber dann geh aufs Klo!“

DER LETZTE SCHULTAG

Heute ist mein letzter Schultag vor den Ferien. Ein bisschen Wehmut ist schon dabei, aber die Vorfreude auf den Sommer überwiegt. Nun stehe ich also vor meiner Klasse, während eine gewisse Person auf dem Schulhof versucht, mit Turnübungen auf der Schubkarre meine Aufmerksamkeit zu erregen und einen Platz im Buch zu erhaschen. Ich ignoriere dieses juvenile Verhalten und schaue nicht noch einmal aus dem Klassenfenster.
„Ein ganzes Schuljahr habt ihr nun hinter euch gebracht“, sage ich feierlich zu den Kindern der 1c. „Und seht euch jetzt einmal an.“
Die Kinder tun wie geheißen, bemerken aber keinen Unterschied.
„Na, guckt doch mal, was ihr in diesem Jahr schon alles gelernt habt! Arne ist der mit Abstand klügste Schüler der Grundschule geworden, unsere Jungs haben alle Sportrekorde der Schule gebrochen, Jonas hat seine Krankenversicherung voll ausgenutzt, Ida hält ihre Stifte mittlerweile richtig herum, Sarah benutzt ein neues Waschmittel. Finja, Ronja und Maja haben sich kaum noch gestritten, Kathi ist mittlerweile häufiger im Klassenraum als auf der Toilette, Lisa nervt kaum noch mit ihren Pferden, Jenni und Eiki haben wider Erwarten die erste Klasse überstanden und der neue Tisch von Malte wurde viel weniger angeknabbert. Ich bin echt wahnsinnig stolz auf euch alle!“

Die Kinder strahlen.

„Das haben Sie aber schön gesagt“, sagt der Hausmeister, der plötzlich an der Tür steht und ein Kaninchen in der Hand hält, dass er kurz davor aus einem Zylinder zog. Noch bevor er das komplette Schaf herauszieht – was mich zugegebenermaßen doch echt beeindruckt – haue ich ihm die Tür vor der Nase zu.

„Wir fanden Sie auch toll“, ruft Lisa.

Beinahe will ich Lisa ermahnen, weil sie sich nicht gemeldet hat. Stattdessen lassen wir nun aber das Schuljahr Revue passieren. Wir reden über unsere erste Begegnung, sprechen von dem Wandertag, von all den verschiedenen Fächern, in denen ich mit den Kindern zu tun hatte, vom Sportfest, von all den Missgeschicken und lustigen Momenten, die uns in der Astrid-Lindgren-Grundschule so oft zum Lachen brachten, meist auf Kosten eines Mitschülers oder einer Mitschülerin. Und so lachen wir diese letzte Stunde auch noch eine Menge und blödeln herum, bis es klingelt.

„Alles klar, Kinder, passt gut auf euch auf in den Ferien. Du besonders, Jonas!“, sage ich mit Nachdruck und zwinkere ihm zu.

„Passen Sie lieber auf, Herr Svensson“, sagt er. „Ihre Schnürsenkel sind offen.“

„Oh danke“, sage ich lächelnd. „Ach du, Kathi, warte einmal.“

Kathi kommt neugierig angetapst.

„Ja, Herr Svensson?“, fragt sie.

„Du wirst doch von deiner Mama abgeholt, richtig?“, frage ich.

Sie nickt.

„Dann schicke sie bitte einmal allein zu mir“, sage ich aufgeregt. Ich habe ihr etwas von großer Wichtigkeit mitzuteilen.“

Sie nickt erneut und läuft los.

Kaum einen Moment später steht Carolina in meinem Klassenzimmer, die Tür hinter sich geschlossen. Sie sieht wie immer umwerfend aus.

Ich sehe ihr tief in die Augen. Ich atme durch.

Dann knie ich mich vor ihr nieder.

FINAL DESTINATION

Ich stehe mit erhobenem Sektglas am Kopfende des Tisches.

„Ich darf euch nun meine wunderhübsche, bezaubernde Partnerin vorstellen. Die Frau, mit der ich alt werden möchte, ohne dass man uns das Alter ansehen wird, natürlich“, kündige ich mit geschwollener Lippe an, wobei meine linke Gesichtshälfte noch immer gelähmt ist. Wenigstens das Rauschen im Ohr lässt langsam nach.

Gut, stopp!

Das ging jetzt vielleicht alles ein bisschen schnell für euch. Ich möchte die Umstände meines Auftritts klären.

Fans des Präteritums sollen in meinem Buch auch noch mal auf ihre Kosten kommen.

Nachdem nun also mein letzter Schultag vorbei war, begann ich sofort mit den Vorbereitungen meiner kleinen Feier. Dass man bei der Sitzplatzreservierung viel falsch machen kann, war mir natürlich bewusst. Man hat beim Platzieren der Steinchen im Casino bessere Erfolgsaussichten als beim Platzieren seiner eigenen Familie im Wohnzimmer. Man muss darauf achten, dass Björn und Big Sam so weit wie möglich vom Büffet entfernt sitzen. Man muss darauf achten, dass Big Sam nicht neben meiner Großtante sitzt, da meine Großtante nicht so gerne neben großen Männern sitzt und Big Sam nicht gerne neben alten Großtanten. Außerdem braucht Big Sam bei seiner Größe zwei Sitze, womit er auch nicht an den Enden des Tisches Platz nehmen kann. Meine Mutter sollte natürlich nur neben ihr bekannten Personen sitzen, da nicht noch mehr Personen ihre Lieblingsgeschichte hören sollten, in der ich als kleines Baby gerne mit meinen Ausscheidungen im Nachttopf gespielt habe. Darum setzte ich sie neben meinen Vater.

Der Sitzplan nahm auch noch den halben Samstag ein und so kam es, dass ich am späten Nachmittag erst auf Björn traf.

„Guten Morgen“, gähnte Björn.

„Morgen“, erwiderte ich. „Ich bin jetzt endlich mit meiner Liste fertig. Du sitzt neben meiner Oma und neben Vänni.“

Björn zuckte zusammen.

„Neben Vänni?“, fragte er erschrocken.

„Ja“, sagte ich. „Ich weiß, ich wollte sie ja erst nicht einladen, aber ...“

„Oh, Mann“, sagte Björn. „Jetzt sag nicht, dass du sie doch bei der Feier haben willst!“

„Wieso, wäre das so schlimm?“, fragte ich verdutzt.

„Na ja, weil ich dachte, also, ich dachte ja, dass du sie lieber nicht hier haben willst. Und als ich dein letztes Kapitel gelesen hatte, habe ich Vänni gefragt, ob du ihr schon von deiner Verlobung mit Carolina erzählt hast und ...“

„Du hast was?“, fragte ich entsetzt.

„Ja“, sagte Björn. „Ich finde auch, wir hätten es von dir persönlich erfahren sollen und nicht aus dem Buch, aber von dir kam ja nichts. Jedenfalls ist Vänni dann plötzlich in ihre Wohnung gerannt. Und als ich nach ihr sehen wollte, war sie verschwunden. Und anscheinend hat sie auch ihre Sachen und Koffer mitgenommen.“

„Oh, Björn. Du Holzkopf“, sagte ich und warf die Hände in die Höhe.

Ich lief besorgt im Zimmer auf und ab und grübelte, was ich nun tun sollte. Vor Verzweiflung biss ich mir dabei auf die Lippe, die sofort dick anschwoll. Ich packte Laptop und mein Abendbrot in einen Rucksack, schnappte mir meine Jacke und eilte aus dem Haus.

Komme, was wolle, dachte ich. Ich würde Vänni zurückholen.

Kaum drei Schritte gelaufen, knallte ich gegen die Straßenlaterne.

Komme, was wolle. Ha, von wegen.

Als ich wieder aufwachte, lag ich auf dem Bürgersteig, angelehnt an eine Hausmauer. Meine linke Gesichtshälfte war nahezu taub. Meine Augen irrten umher wie die Lichtscheinwerfer der Polizei bei einer Verfolgungsjagd. Als mein Blick wieder klarer wurde, erkenne ich, wie ein junger Mann über mir steht. Er sieht aus wie eine billige Kopie von Owen Wilson.

„Wenn man Owen Wilson bei Wish bestellt", flüstere ich kaum hörbar.

„Hey, alles klar?", fragte er besorgt.

Ich schüttelte den Kopf.

„Nee", sagte ich dann.

„Hab's mir schon beim Kopfschütteln gedacht", antwortete der Unbekannte und grinste mich freundlich an.

„Was kann ich für Sie tun? Wollen Sie einen Schluck Wasser? Oder ein Brötchen vielleicht? Hier in der Nähe ist gleich ein Bäcker", bot er mir an.

„Ich bin kein Bettler", sagte ich. „Ich bin Grundschullehrer."

Der Typ zuckte die Achseln.

„Gibt es da einen Unterschied?", erwiderte er augenzwinkernd.

„Scherzkeks", antwortete ich und musste tatsächlich grinsen, was mir jedoch nur halbseitig gelang, dafür aber doppelte Schmerzen bereitete.

„Dominik Ehrst", sagte der Scherzkeks und reichte mir die Hand.

Ehrst. Irgendwas klingelt da in meinem Kopf. Vermutlich die Gehirnerschütterung.

„Toter Mann am Arsch", stellte ich mich vor.

„Angenehm", meinte Dominik.

Wir unterhielten uns eine Weile, wobei ich aufgrund der Schmerzen und Schwellung die Rolle des Zuhörers übernahm.

Dieser Dominik war echt eine aufdringliche Plaudertasche. Er hatte tatsächlich auch Lehramt studiert, die arme Sau. Kein Wunder, dass er wusste, wie es jemandem in meiner Lage gehen musste. Generell glich sein Lebenslauf meinem ohnehin sehr stark, wobei ich zu meiner großen Schande in der sechsten Klasse nicht Lesekönig geworden bin. Dieser Streber!

Aber in Lilleholm sind die Anforderungen an dialektfreies Lesen mit Sicherheit höher als in Gera. Inzwischen wohnt er in Oldenburg und ist nur zu Besuch in Lilleholm.

„Ja, und wenn ich nicht gerade mit irgendwelchen halbtoten

Menschen Witze reiße, statt ärztliche Hilfe zu holen, schreibe ich lustige Geschichten", beendet er seinen Monolog.

„Ach nee", sagte ich und hob die Augenbrauen, was mir erfreulicherweise beidseitig gelang. „Ich schreibe auch. Willst du mal lesen?"

Dominik zuckte die Schultern und nahm mein Manuskript.

„Und?", fragte ich schließlich nach einer Weile.

„Also", sagte Dominik. „Ich finde das eigentlich recht unterhaltsam. Ist jedenfalls mein Humor. Ein paar Stellen würde ich ändern. Paar Witze mehr, paar Witze weniger. Ich habe dich übrigens im Fernsehen gesehen ... die Sache mit der Polizei. Na ja, ist ja auch egal. Gendern fände ich auch nicht schlecht, fällt mir gerade noch ein. Ansonsten kannst du ja auch neutrale Wörter benutzen, wenn du unsicher bist. Statt Schüler*innen zum Beispiel einfach immer ‚Kinder' sagen oder so. Keine Ahnung, musst du wissen. Jedenfalls weiß ich jetzt, wie du wieder schnell auf die Beine kommst. Ich glaube, ich weiß, wo du Vänni finden wirst."

Kurze Zeit darauf lief ich durch weiße, sterile Gänge, die ich nur zu gut aus meinen Träumen kannte. Menschen in weißen Kitteln liefen geschäftig herum. Ein kleiner Mann stand plötzlich vor mir. Er winkte mich zu sich herunter. Ich beugte mich vor. Dann schrie er mir sämtliche Synonyme für den Beischlaf ins Ohr, die so ein kleiner Mann nur kennen konnte.

Daher das Rauschen.

Ich erreichte endlich die Zimmertür mit der Nummer, die mir Herr Gustafsson genannt hatte.

Dann klopfte ich.

„Herein", sagte eine vertraute liebevolle Stimme.

„Hallo", sagte ich beim Eintreten zaghaft. „Ich bin es."

„Ole", sagt Vänni erschrocken. „Was machst du hier?"

„Ich bin da, um dich abzuholen. Du bist doch heute bei mir eingeladen!"

Ich stehe mit erhobenem Sektglas am Kopfende des Tisches.

„Ich darf euch nun meine wunderhübsche, bezaubernde Partnerin vorstellen. Die Frau, mit der ich alt werden möchte, ohne dass man uns das Alter ansehen wird, natürlich", kündige ich mit geschwollener Lippe an, wobei meine linke Gesichtshälfte noch immer gelähmt ist. Wenigstens das Rauschen im Ohr lässt langsam nach.

Meine Mutter verrenkt den Hals, um die Frau zu begutachten, die nun an meiner Seite steht.

„Vänni", komplettiere ich meine Rede.

Schüchtern steht Vänni neben mir und lächelt.

„Bravo", ruft Big Sam und klatscht begeistert.

Meine Eltern und Oma nicken lächelnd, ebenso wie Dominik Ehrst, der dank seines hilfreichen Tipps natürlich Ehrengast ist.

„Ich verstehe das nicht", flüstert mir Björn ins Ohr. „Ich habe doch gelesen, dass du Carolina einen Antrag machen wolltest."

„Wie kommst du darauf?", frage ich. „Ich habe mich von ihr am Freitag nach der Schule endgültig getrennt, da mir bewusst geworden ist, dass mein Herz schon seit längerer Zeit nur noch Vänni gehört."

„Aber der Kniefall?", hakt Björn nach.

„Ach so", sage ich lachend. „Jetzt verstehe ich. Ich habe mich nur hingekniet, um meine Schnürsenkel zu binden, nachdem mich Jonas am Ende der Stunde darauf aufmerksam gemacht hat."

„Oh. Upps", sagt Björn kleinlaut.

Ich winke lächelnd ab und gehe zu meinem Ehrengast.

„Wo hast du denn den her?", fragt meine Mutter verzückt. „Dieser Dominik ist ja ein richtiger Charmeur. Schade, dass solche Menschen immer auf die schiefe Bahn geraten und unbedingt Unterhaltungskünstler werden müssen. Potenzial und Begabung nicht genutzt."

Mein Vater nickt.

„So ist das, Junge. Diese ganze brotlose Kunst. Kannst du in die Tonne treten, damit Karriere machen zu wollen. Und wenn ich immer diese jungen Leute höre, die meinen, von Liebe und Luft leben zu können. Bei der Bundeswehr wäre denen das schnell ausgetrieben worden. Danach verträumen junge Leute nicht ihr halbes Leben und verplempern die wertvolle Zeit, die sich dann in der jämmerlichen Rente bemerkbar macht. Du wirst dich schon noch umgucken."

„So, jetzt lasst unseren Gast aber mal in Ruhe", sage ich. „Tut mir echt leid, Dominik."

Er winkt müde lächelnd ab.

„Macht nichts. Ich fühle mich hier wie zu Hause."

„Schön zu hören. Schätze ich mal."

„Du kannst mich übrigens Dojo nennen. Ist mein mehr oder weniger privater Spitzname."

„Okay, Dojo", sage ich und nicke lächelnd. „Ich möchte dir nun kurz auch noch etwas mitteilen."

Ich hole tief Luft.

„Oh. Was kommt jetzt? Kein Kniefall, oder?", meint Dominik grinsend.

„Ich möchte dir meine gesamten Aufzeichnungen überlassen", sage ich.

Dominik schaut mich verblüfft an.

„Ja, im Ernst. Ich glaube, ich bin doch nicht so der geborene Schriftsteller. Ich bin einfach Ole, der ein paar tolle Freunde um sich herum hatte, die ihm ständig Geschichten liefern. Ich möchte, dass du ein Buch daraus machst. Wenn ich mir meine Situation in Lilleholm anschaue, hast du mit deinen geplanten Bühnenauftritten und dem ganzen Social-Media-Kram eh die besseren Chancen, diese Geschichte unter die Menschen zu bringen. Und das würde mich sehr freuen! Außerdem es ist ein kleiner Dank für gestern."

„Wow", sagt Dominik gerührt. „Ich weiß gerade gar nicht, was ich sagen soll. Das ist echt lieb, aber ich will mich auch nicht mit fremden Federn schmücken."

Ich zucke die Achseln.

„Schreib ein paar deiner eigenen Anekdoten, Witze und Sprüche mit dazu. Schraube hier und da vielleicht noch ein wenig dran, aber Ole Svensson muss in diesem Buch auch nicht super professionell und perfekt wirken, denn das bin ich einfach nicht. Finde einfach einen guten Mix. Nachdem ich dich nun seit etwa drei Stunden kenne, bin ich mir sicher, dass sich unsere Geschichten und Erlebnisse eh ziemlich ähneln."

Dominik lacht.

„Das stimmt wohl", und schaut nachdenklich in die Ferne. „Okay, ich mach's! Und dann teilen wir einfach die wenigen Einnahmen untereinander."

Ich nicke.

„Oder ihr spendet es", sagt meine Oma.

Dominik und ich nicken zögernd.

„Oder ihr teilt es untereinander und gebt niemandem etwas ab", sagt Björn.

Dominik und ich nicken euphorisch.

Ich klirre mit dem Löffel an das Glas.

„Ich möchte einen Toast aussprechen. Ich habe ein wunderbares erstes Schuljahr hinter mich gebracht. Auch dank der Unterstützung meiner Eltern. Obwohl sie nicht immer an mich geglaubt haben oder begeistert waren von all meinen Aktionen, trotzdem, sie waren da. Außerdem danke ich auch Big Sam und Björn. Wegen euch bin ich immer gerne in der Schule."

Alle lachen.

„Und ich danke dir natürlich, Vänni, dass du immer zu mir gestanden hast. Ich danke dir generell dafür, dass du so bist, wie du bist. Ich habe das Privileg, nicht nur mit einem herzensguten Menschen zusammen zu sein, sondern noch dazu mit einer scharfen Piratenbraut und einem süßen Mäuschen und mit, wer weiß, was für anderen liebenswerten Persönlichkeiten noch."

Alle klatschen und jubeln laut, als Vänni mir daraufhin rasch einen Kuss gibt.

Björn steht auf, um ebenfalls einen Toast auszusprechen. Er klirrt mit dem Löffel an seinem Glas, um für Aufmerksamkeit zu sorgen. Zumindest das mit der Aufmerksamkeit gelingt ihm, weil er zu doll mit dem Löffel gegen das Glas schlägt und es zerspringt. Eine Blutfontäne spritzt aus Björns Daumen.

Big Sam klatscht feierlich, meine Mutter schüttelt den Kopf. Auch Björn weiß, dass er mit Worten seine Performance nicht mehr toppen kann. So verbeugt er sich kurz, um dann blass und schweigend rückwärts in Richtung Bad zu verschwinden.

Wir albern herum, ich lese ein paar Anekdoten vor und so verstreicht dieser letzte Abend, der gleichzeitig auch der letzte Abend an meinem Manuskript sein wird.

Nun ist es an der Zeit, einen guten Schluss für mein Buch zu finden. Gar nicht so leicht. Meistens in meinem Leben fange ich so viele gute Sachen an, aber bringe sie dann einfach nie ordentlich zu …

ENDE.

Unser Versprechen für mehr Nachhaltigkeit

- Klimaneutrales Produkt
- Papiere aus nachhaltiger Waldwirtschaft
- Hergestellt in Europa

1. Auflage 2021

– Originalausgabe –

ISBN 978-3-8303-3621-1

Lektorat: Jana Legal
Layout|Herstellung: Monika Swirski
Covergestaltung: Ulrike Boekhoff
Coverabbildungen/Illustrationen: Reinke Fox by shutterstock.com

Druck und Bindung: CPI Moravia Books

FOLGT UNS! facebook.com/lappanverlag
Instagram.com/lappanverlag
www.lappan.de

MIX
Papier aus verantwortungsvollen Quellen
FSC www.fsc.org
FSC® C083411